Dário Simões da Costa Pedroso

A arte de rezar

Dário Simões da Costa Pedroso

A arte de rezar

CREDO EDICIONES

Imprint

Cover image: www.ingimage.com

Publisher:
CREDO EDICIONES
ist ein Imprint der / is a trademark of
International Book Market Service Ltd., member of OmniScriptum Publishing Group
17 Meldrum Street, Beau Bassin 71504, Mauritius

Printed at: see last page
ISBN: 978-613-1-47834-5

A arte de orar

Apresentação

A ARTE DE ORAR

Publicamos neste livro, algumas das "Aberturas " escritas na revista Mensageiro do Coração de Jesus ao longo de alguns anos. São pincelados do amor divino que nos ajudarão a perceber e a rezar mais e melhor a vida e o seu valor, o poder da oração, o modo de viver com intensidade alguns tempos litúrgicos, saborear à luz da fé a criação, a vida, o sofrimento, a morte, a festa, a alegria, o pecado, a conversão, o lugar de Nossa Senhora na nossa vida, como o impacto de Fátima "altar do mundo". Realidades diversas, que nos ajudam sempre a descobrir o amor louco de Deus, a necessidade do nosso amor fraterno, amor em família, amor na Igreja, nas comunidades, que nos ajudarão a crescer na fé, a ter uma fé mais adulta e amadurecida. Viver a "arte de orar".

Tem lugar importante nestas páginas a Igreja, sua vida e seu mistério, o sofrimento humano, a alegria que nasce da Páscoa, a necessidade de aprender a envelhecer, a graça da Eucaristia como cume e tesouro, fonte de santidade, a oração mariana, a natureza e sua beleza, etc. A fé nos iluminará a ver todas estas realidades de modo diferente. Tudo nos pode levar cada vez mais a saborear o amor louco e apaixonado de Deus. Estas páginas escritas ao longo de anos, uma cada mês, são agora compiladas para poderem ajudar a rezar, a refletir, a descobrir os grandes valores da vida e de Deus, através da "arte de orar".

O autor já publicou cerca de 85 livros sobre diversos temas de espiritualidade, de oração, de sacramentos. Publicou também algumas biografias de santos e de cristãos e cristãs que levaram vida heróica deixando triunfar o amor. Um bom número de livros é dedicado a Nossa Senhora, a Fátima, aos pastorinhos, ao terço, etc. Outro grupo foi dedicado ao Coração de Jesus como fonte de todo o amor. Vários dedicados à Eucaristia e à Reconciliação. Sempre com o desejo humilde de intensificar a "arte de orar"

Agradecendo à Editora "CREDO" que se ofereceu para publicar este livro, desejamos muito que estas páginas possam ajudar muito os leitores a encontrarem uma fé mais adulta, culta, amadurecida. A " arte de orar" nos ensinará caminhos novos.

1º A arte de orar | 2º O tesouro da fé | 3º O triunfo do amor

Índice

O PRÍNCIPE DA PAZ.....5

VALOR DIVINO DO HUMANO 7

CAMINHO DE LIBERTAÇÃO 9

RESSUSCITOU!!! ESTÁ AQUI.....11

CENÁCULOS MARIANOS.....13

DEUS É CORAÇÃO.....15

A ARTE DE ORAR 17

A VIDA: UM DOM SAGRADO 19

A EUCARISTIA: UM TESOURO PRECIOSO 21

SANTOS, PRECISAM-SE..... 23

OS NOSSOS MENINOS QUE SÃO JESUS 26

CAMINHOS DE UNIDADE 28

CONSAGRADOS: LIVRES PARA AMAR.....20

O MISTÉRIO DA INIQUIDADE..... 32

O MISTÉRIO DO ENVIO 34

A SENHORA DA EUCARISTIA.....36

OS TEMPOS NÃO VÃO BEM 38

ORAÇÃO FEITA APOSTOLADO 40

O PRECIOSO DOM DA VIDA.....42

CELEBRAR A VIDA EM AMOR.....44

QUE TODOS SEJAM UM.....46

CONSAGRADOS PARA AMAR.....48

O DESERTO DA QUARESMA.....50

AS FLORES DA PÁSCOA.....52

O MISTERIOSO PODER DA ORAÇÃO 54

O CORAÇÃO TRESPASSADO 56

CELEBRAR A GRAÇA DE SER FAMÍLIA 58

MISSIONÁRIOS COM CRISTO 60

FLORES PARA OS MORTOS OU COMUNHÃO PARA OS VIVOS? 62

O MENINO OU O PAI NATAL? 64

O PRÍNCIPE DA PAZ

Celebramos, no dia 1 de Janeiro, o Dia Mundial da Paz, ou de orações pela Paz. Esta celebração está logicamente ligada ao tempo natalício, pois o Menino que nos nasceu é o Príncipe da Paz. Isto estava já, há séculos, profetizado pelo profeta Isaías. O Verbo do Pai encarnado, feito carne no seio da Virgem Maria, nascido no presépio é o Príncipe da Paz. Por isso, é consolador ouvir o cântico dos anjos, na noite santa do Natal, em que se afirma: «paz na terra aos homens amados por Deus». Toda a liturgia do tempo natalício tem, pois, esta dimensão pacífica, já que Ele veio para nos dar Paz, para ser a nossa Paz e a nossa consolação. Desceu do Céu para instaurar um reino de Paz e de amor, para pacificar corações, vidas, famílias, tribos, nações. Tê-Lo em nós e connosco é ter Aquele que é a fonte da verdadeira Paz. Sem Ele há guerra, ódio, divisão, há discórdia, confrontos, situações de mal estar, quer físico quer espiritual. Só Ele é a nossa Paz.

O mundo de hoje é um mundo perturbado e cheio de conflitos. Quase não há canto do mundo, onde não haja guerra, gerando mortes, destruição, sangue derramado, vítimas da violência, do terrorismo armado, da potência que quer dominar ou vingar-se. E guerra gera mais guerra, ódio gera mais ódio, vingança gera mais vingança. Vamos tomando consciência que estamos perante um mundo sobre um barril de pólvora e vemos nos écrans da televisão, ou lemos nos jornais, os mais hediondos crimes de falta de paz, de segurança, de respeito pela vida e pelos direitos humanos. Conflitos que geram muita dor, muita fome, muita destruição de casas, de vidas, de sonhos, de futuro sereno, alegre, promissor.

Dentro de cada um de nós há, também, por vezes, um mundo de conflitos. Santa Teresa dizia que dentro de nós «é um campo de batalha». Conflitos interiores da nossa própria consciência, conflitos gerados pelo egoísmo, pelo consumismo desenfreado, pelo ciúme e pela avareza, pela falta de amor e de verdadeira paz, pela dificuldade em discernir o melhor, o mais santo, o mais digno, o mais perfeito, pela dificuldade em dominar rancor, crítica destrutiva, impaciência, agressividade, etc. E estes conflitos geram à nossa volta mal estar, ambiente agressivo, dores e sofrimentos de muita natureza, quer no seio da família, quer no grupo apostólico a que pertencemos, quer no local de trabalho, etc. Só o Príncipe da Paz nos poderá ajudar a viver em Paz, a ser Paz para os outros. Mas se a Paz é dom de Deus, ela é também construção do homem. Daí Jesus afirmar: «Felizes os que constroem a paz», os que são pacificadores, os que não só não geram guerras e conflitos, mas vão mais longe, tornando-se construtores, edificadores da paz em si e nos outros. Possuídos de Deus, de Jesus que é o Príncipe da Paz, tornamo-nos «obreiros da paz». Somos mais felizes e fazemos os outros mais felizes e mais alegres. O bem, como a paz, multiplica-se sempre que sabemos partilhar. Por outro lado, como é preciso tão pouco para tirar a paz a si mesmo e aos outros!

Enquanto houver guerras, ódios criminosos, atitudes vingativas, críticas mordazes que ferem e difamam, **precisamos de construir a paz.**

Enquanto houver conflitos gerados pela vingança, pela potência satânica e destruidora, pela avareza somítica, **precisamos de construir a paz.**

Enquanto houver famílias desunidas por causa de dinheiros, de adultérios infames, de desentendimentos falazes, **precisamos de construir a paz.**

Enquanto houver órfãos abandonados, idosos sós e desamparados, mergulhados no seu sofrimento, **precisamos de construir a paz.**

Enquanto houver mulheres e seus filhos a sofrer os horrores da violência de seus maridos e pais, **precisamos de construir a paz.**

Enquanto houver mães solteiras a serem discriminadas, insultadas, exploradas, por vezes difamadas, **precisamos de construir a paz.**

Enquanto houver desunião nas paróquias, nos grupos apostólicos, nos agentes da pastoral nos diversos sectores, **precisamos de construir a paz.**

Enquanto houver comunidades religiosas sem verdadeira comunhão, por causa de conflitos de vária ordem, **precisamos de construir a Paz.**

Enquanto houver presbitérios que se deixam enrolar na crítica destrutiva, na inveja, no ciúme doentio, **precisamos de construir a paz.**

Enquanto houver corações a sangrar por causa da violência, da pobreza, da falta de amor e de carinho, **precisamos de construir a paz.**

Enquanto houver discussões que geram discórdias e conflitos, zangas e rancores, desunião e sofrimento, **precisamos de construir a paz.**

Enquanto houver injustiças criminosas e ofensivas à dignidade humana, que geram mal estar e revolta, **precisamos de construir a paz.**

Acolher em nós, no nosso interior, o Príncipe da Paz, fazendo com que Ele tome conta do nosso coração, da nossa inteligência, da nossa vontade e liberdade, é o único caminho para vivermos em paz e para sermos paz para os outros. Quem O tem, quem O recebe, quem Lhe reza, não pode deixar de ter paz e de ser semeador e construtor de paz. Ele em nós, pelo poder da sua graça, será fonte de paz e de unidade, de concórdia e comunhão, de justiça e de amizade, de partilha e de serviço desinteressado. Fica-nos este desafio. Fica-nos esta certeza. Fica-nos este apelo: ser construtores da paz. Sempre e em todo o lado. Não à guerra, não ao ódio, não à vingança, não a tudo o que destrói a paz e a comunhão. Demos «vivas» à paz.

VALOR DIVINO DO HUMANO

O "tempo comum" da liturgia é um apelo a viver o quotidiano com audácia, com compromisso, com intensidade de vida evangélica, com determinação, com coração, com encanto e alegria, dizendo um "não" vivencial à rotina, à inércia, ao deixar correr, à mediocridade, à apatia, ao stress, ao reboliço, à vida em azáfama e sem sentido. O "tempo comum" é uma oportunidade cristã, um dom de Deus, uma oferta da Igreja, a vivermos o quotidiano com fulgor de infinito, com semente de divino, com desassombro, com intimidade com Deus a tal ponto que sejamos "contemplativos na acção". Temos, pois, diante de nós, algo que nos pode ajudar a viver o comum dum modo "não comum", o quotidiano com dimensões "divinas".

A liturgia, mãe e mestra da vida, convida-nos a dar a cada momento do dia a sua densidade, o seu valor. Trata-se da determinação de fazer bem todas as coisas (age quod agis), de aceitar o desafio do aforismo: "faz o que deves e está no que fazes". Faz o que deves, ou seja o que a vontade de Deus quer neste momento, aquilo que o Senhor permite através dum horário, duma circunstância, duma norma, dum dever de estado, dum compromisso assumido, etc. E está plenamente no que fazes, ou seja, fá-lo com garra, com encanto, com a máxima perfeição, com ousadia cristã que busca a perfeição máxima em tudo o que se realiza. E se é feito com perfeição já tem a marca do divino, já está integrado no projecto cristão de salvação, já tem sabor evangélico, já é construtor da novidade de Deus, em tudo e em todos. Na medida em que a vida não é levada com mediocridade, na medida em que sabemos colocar a perfeição no que fazemos, rezamos, sofremos, etc. estamos a construir a santidade da própria vida, mesmo se o que fazemos parece simples e banal. O desejo de perfeição dá-lhe um sabor evangélico, uma tonalidade de divino, uma dimensão de santidade.

Quantas coisas dizemos, fazemos, sofremos, quantas alegrias e sonhos, quantos planos e projectos, quantos momentos de entusiasmo ou de dúvida, quanta luta e quantas vitórias, quantas tentações e momentos de fragilidade repassam o nosso quotidiano. Importa tomar tudo em "nossas mãos", sobretudo em "nosso coração" e oferecer ao Senhor. Ao jeito da gotita de água que no ofertório se deita no vinho e é diluída, assumida pelo vinho, assim a nossa existência, com o desejo de perfeição, com a audácia de sermos santos, se torna redentora e divina unida a Jesus, o único Redentor. Tudo oferecido para fazer de nós próprios "hóstia vivas". Tudo mergulhado em Cristo Jesus para ser oferta permanente digna do amor do Pai. Tudo mergulhado n'Ele, feito com Ele, feito por Ele, para que o nosso quotidiano tenha valor divino, para que o humano se torne redentor.

O humano, depois da Encarnação do Verbo, tem sempre algo de divino. Podemos dizer que depois desse momento eloquente em que a divindade assumiu a nossa natureza nada mais é profano na nossa vida, tudo tem o selo divino, pois estamos enxertados em Deus, a Trindade habita-nos, somos templos vivos da sua presença. E se tudo tem o selo divino, tudo deve ter a "solenidade" própria d'Aquele que trazemos em nós como tesouro em vasos de barro. Dar solenidade a cada momento, fazer tudo com a máxima perfeição, é dar valor divino ao humano, que pode, em certas circunstâncias, perecer-nos pobre, rotineiro, sem riqueza, sem densidade. Mas tem-na, cabe-nos a nós descobri-la e vivê-la. Cada acção, cada trabalho, cada momento, cada segundo, é partilha da divindade que está em nós, da graça que possuímos, do Deus que nos invade e que faz tenda no nosso interior.

Dar valor divino ao humano, é aceitar o desafio da fé que nos ensina que somos tempos da Trindade, que Deus está "escondido" no mais profundo de nós próprios, que quer agir em nós e connosco.

Dar valor divino ao humano, é assumir com audácia e consciência cristã, que como baptizados somos redentores com Cristo Redentor e que, unidos a Ele, nada se perde do tecido da nossa vida quotidiana, da riqueza da nossa acção.

Dar valor divino ao humano, é ter os olhos da alma bem abertos para descobrir as centelhas do divino que proliferam em cada pessoa, em cada planta, em cada beleza da natureza que Deus criou por amor.

Dar valor divino ao humano, é saber morrer a cada instante àquilo que em nós é "homem velho", que é mistério de pecado e de iniquidade, que é semente de mal, para nos deixarmos revestir de Cristo e viver a sua graça.

Dar valor divino ao humano, parte da convicção nascida da fé que o nosso sofrimento, as mil e umas circunstâncias difíceis da vida, são um verdadeiro tesouro, se mergulhadas em Cristo, se assumidas com audácia evangélica.

Dar valor divino ao humano, colocando a máxima perfeição em tudo o que fazemos, dizemos, rezamos, pois é obra feita para o Senhor, realizada unida a Ele, que merece sempre o melhor, o mais santo, o mais perfeito.

Dar valor divino ao humano, vivendo as nossas alegrias e tempos de lazer, não como fáceis contentamentos, mas como parcelas vivas d'Aquele que é a felicidade suprema, a alegria sem limites, o Senhor vivo e Ressuscitado.

Não desbaratemos a vida, não nos deixemos conduzir pela inércia ou pela rotina, não deixemos que a vida tome conta de nós, que o stress nos invada o quotidiano. Demos, com determinação e audácia, a solenidade que cada momento merece. Vivamos unidos Aquele que é a Vida verdadeira e que dá sentido o tudo o que vivemos. Saibamos colocar intensidade interior, fulgor espiritual, tensão evangélica em tudo o que, ao longo do dia, nos é dado viver. Alegres na esperança, vivamos a felicidade que comporta cada momento presente, pois é a una riqueza que possuímos. Coloquemos o passado na misericórdia divina, e o futuro, entreguemo-lo à sua providência. E cada momento não volta, não se repete. Não percamos essa riqueza. Aproveitemos esse tesouro.

CAMINHO DE LIBERTAÇÃO

A Quaresma, como tempo favorável e providencial para preparar a Páscoa, é convite à oração, à penitência, à caridade. Mas o caminho quaresmal só tem sentido por causa da "meta", e a meta é a Páscoa, é a nossa ressurreição com Cristo Ressuscitado., é a nossa passagem, pois a Páscoa significa passagem. E na vida cristã esta passagem deverá ser do pecado à graça, do egoísmo ao amor, do orgulho à humildade, do homem velho ao homem novo, duma vida com pouca dimensão cristã a uma vida impregnada de evangelho. Caminho de conversão, de mudança, de encanto pelo desejo de vida nova, de passagem, de ressurreição, de identificação com Cristo, de vivência mais fiel e mais plena do seu amor em nós, nas nossas vidas, nas nossas famílias, nas nossas paróquias...na igreja universal, no mundo.

Temos que descobrir o nosso caminho quaresmal, traçar um plano sério de mudança, de conversão de penitência, de oração, de caridade. Abertos ao sopro do Espírito, abertos à graça que é luz para os nossos caminhos, abertos ao desejo de conversão, conscientes da necessidade de mudança, duma vida mais evangélica, devemos empenhar-nos a viver uma Quaresma mais séria, mais comprometida. Se antes tínhamos mais normas, mais leis, mais costumes que nos podiam ajudar, hoje, sem essas coisas, não estamos dispensados de viver uma Quaresma cristã, de viver um caminho de libertação dos nossos ídolos, dos nossos apegos, dos nossos pecados, desejando a identificação com Cristo. Cada um, no íntimo do seu ser, na verdade da sua consciência, deve comprometer-se com um plano de vida quaresmal.

Neste plano há algumas componentes que não devem faltar. 1º *Para com Deus,* mais e melhor oração, mais escuta e meditação da Palavra, mais diálogo com Jesus Eucaristia, mais e melhor participação na Missa, mais contemplação dos mistérios da Paixão, mais leitura formativa, etc. *2º Para com o próximo mais caridade,* num desafio que nunca mais termina, pois a medida do amor é amar sem medida. Caridade em casa, caridade com os mais pobres, mais doentes, mais idosos...caridade que nos insira num voluntariado de serviço e de ajuda, caridade que seja mais dom de nós mesmo do que dar coisas. *3º Para connosco,* mais penitência, mais autodomínio, mais ascese, mais exigência de santidade que comporta algo de penitência. Não só abstinência de comida, de carne, mas também de álcool, de tabaco, de televisão, de internet, de algo que nos exija esforço e que ajude a rezar mais e a ser mais caridoso. A melhor penitência é aquela que nos lança numa vida de oração mais profunda e que nos levará a uma caridade mais autêntica, mais serviçal, mais ao jeito do Bom Samaritano, o Senhor Jesus, Médico divino.

A passagem do Povo eleito pelo Mar Vermelho, deixando atrás de si o país dos ídolos, o Egipto, a passagem de Jesus, da morte e do túmulo, para uma vida nova de Ressuscitado, deve empenhar-nos num desejo sincero de querer viver esta "passagem", esta novidade de Deus e do seu Amor, nas nossas vidas. Deixar ídolos, do prazer, do álcool, do sexo, do futebol, do mundano e, às vezes, do satânico que está em nós. Deixar a preguiça, a tibieza, o comodismo, o consumismo desenfreado. Deixar tudo o que não é Deus e a sua vontade, num crescente desejo de fidelidade ao seu amor. Passar, com Jesus Ressuscitado, a uma vida onde imperem os valores cristãos do bem, da verdade, da justiça, do amor a toda a prova, da alegria cristã, da felicidade que depende do nosso esforço de serviço e de dom aos outros. Não podemos ficar na margem do humano e do pecaminoso, no país dos ídolos e dos prazeres, mas temos de nos lançar, com Cristo, para participar, na outra margem, da sua vida evangélica, tomada a sério, no quotidiano da existência, mergulhados em Jesus, impregnados da sua vida e dos seus valores. A Quaresma, como caminho de libertação comporta esta busca incessante de liberdade interior, de crescimento espiritual, de mudança de vida, de comportamentos mais evangélicos, duma existência onde o viver das Bem-aventuranças, é o nosso modo de ser e de agir. Quaresma com sabor a Páscoa, Quaresma com ânsias de ressurreição, Quaresma como semente de divino, de alegria que vem do Céu, pelo poder da divina misericórdia. Quaresma que muda, que transforma, que cristifica, que dá valores mais cristãos ao quotidiano que vivemos, que dá sentido pascal à vida que levamos.

Porque no mundo há guerra, ódio, crime, injustiça, terrorismo, fome e sede, vandalismo, porque há vinganças, blasfémias, escravatura, atentados à vida e à dignidade humana, precisamos de trilhar o **caminho de libertação.**

Porque na Igreja, que deve ser comunhão e serviço encontramos divisão, discórdia, comodismo, ganância, instalação burguesa, crítica destrutiva, injustiças eclesiais, calúnias que ferem, rancores que não deixam circular a vida e o amor, precisamos de trilhar o **caminho da libertação.**

Porque nas famílias, nem sempre há amor e serviço, perdão e diálogo, ajuda e amparo, porque há indiferença, adultério e aborto, porque os idosos são desamparados, as crianças pouco protegidas e amadas, precisamos de trilhar o **caminho da libertação.**

Porque nas paróquias, nos movimentos eclesiais há desunião, falta de entendimento e de paz, pouca fraternidade, pouca ajuda e comunhão, porque há desuniões que ferem o amor fraterno, precisamos de trilhar o **caminho da libertação.**

Porque dentro de cada um de nós há egoísmo, ciúme, inveja, rancor, obras do "homem velho" que se fazem sentir na ira, na impaciência, na injustiça, na agressividade, precisamos de trilhar o **caminho da libertação.**

Que belo e extraordinário desafio para a nossa caminhada quaresmal. Mãos à obra. Deus está connosco, caminha connosco, quer o nosso melhor bem. Não desistamos do caminho da santidade.

RESSUSCITOU !!! ESTÁ AQUI...

A passagem de Jesus da morte à vida, do túmulo à glória, dum corpo mortal e a um corpo espiritual, é o maior acontecimento da nossa fé. A sua vitória sobre a morte e sobre o pecado é a nossa vitória, a fonte da paz e da alegria. Nascemos na manhã de páscoa, pois com ela, nasce a vida santa da graça, nascem os sacramentos. Nascemos para deus, nascemos da vida de deus. Tudo nos vem dessa manhã de páscoa, qual madrugada alegre e vitoriosa, qual primavera de vida nova. O sonho tornou-se realidade, cristo está vivo e não morrerá jamais. Ele é doravante, o rei dos reis, o senhor dos senhores. Não podemos buscar entre os mortos aquele que o pai ressuscitou e entronizou à sua direita, com todo o poder no céu e na terra. Ele é o senhor da glória. Cristo ressuscitou. Aleluia. Aleluia.

Quando as santas mulheres vão ao túmulo procurar o cadáver de jesus, os anjos afirmam: "**ressuscitou. Não está aqui".** Está vivo e glorioso. Repleto de poder e de glória, exultante da divina alegria. Passou pela morte, foi flagelado, crucificado, morto, padeceu martírio de sangue, entregou a vida, morreu como grão de trigo para gerar vida nova. Mas agora, vivo, ressuscitado: **"não está aqui".** Está por toda a parte, pelo poder da sua divindade. Está em cada coração que aceita a sua graça e o seu perdão. Está vivo, no seio da igreja. Está vivo através dos séculos, até ao fim do mundo.

Precisamos de o descobrir nestas santas e gloriosas presenças. Não buscar entre os mortos aquele que está Vivo. Presente de muitos modos, de muitas maneiras, mas sempre o mesmo jesus, o vivente, o senhor da vida. Descobri-lo nestas presenças é encontrar o ressuscitado em cada momento, em cada canto, em cada esquina da vida, em cada flor, em cada manhã, na vida que floresce. **"ressuscitou !!! Está aqui".** Sim, aqui, agora, ali e sempre. É Ele o ressuscitado. É Ele o Vivente. É Ele em divinas presenças.

Presente na palavra. Ele é o verbo, a palavra do pai. Ele está na escritura como fonte de vida, de graça, de alimento, de força. Palavra que salva, que purifica, que alimenta. Que gera vida nova. È o ressuscitado presente na vida e na acção salvadora da palavra. **Presente na eucaristia.** Ele o pão da vida, Ele o pão vivo, Ele em corpo e sangue. Ele o Ressuscitado que se revelou ao partir do pão aos discípulos de Emaús. Ele no poder do alimento salvador e redentor. Jesus eucaristia, o ressuscitado que é pão vivo. **Presente na igreja.** Ele tinha dito "quem vos ouve a Mim ouve". Ele prometeu estar na sua igreja e com ela até ao fim dos tempos... A igreja é seu corpo místico. Ele, o ressuscitado, é a cabeça deste corpo. Está vivo na igreja, como autoridade, como comunhão, como corpo, como esposa. Está vivo na comunidade dos crentes, no meio daqueles que estão unidos em seu noite. Está aí vivo e glorioso. **Presente no irmão.** No que tem fome, no que está nu, no que é marginal, no moribundo, no criminoso, em todos e cada um. É ele vivo e presente em cada homem e cada mulher, de qualquer raça, cor, credo político ou religioso. Ele, o rosto, a pessoa do ressuscitado, está aí em cada irmão ou irmã. **Presente em mim.** Sim. Pela graça do baptismo sou "cristo vivo". O cristão é outro "cristo". Está em mim, no meu interior, na vida e na graça que me habita. É ele silencioso e humilde, presente no coração do crente, aí onde a graça nos fez santos, filhos amados, homens e mulheres que já "ressuscitámos" com ele. **Presente...presente...**em ti, em mim, em tudo, em todos...**presente,** porque ressuscitado, porque o senhor da vida.

Ressuscitou, está aqui, por isso precisamos de entrar em comunhão com ele, descobri-lo em cada presença, andar como que buscando o esposo, sequioso de o encontrar, desejoso de entrar em intimidade com ele. **Ressuscitou, está aqui,** por isso a dor e a cruz têm um sentido cristão e salvífico, e nos podemos e devemos unir a ele, estar crucificados com ele, viver n'ele a contínua esperança da ressurreição. **Ressuscitou, está aqui,** por isso vivemos alegres na esperança, somos testemunhas alegres da sua presença, vivemos alegres de deus e alegres por causa de deus, encontrando n'ele a fonte incessante da alegria pascal que se vive no quotidiano da existência. **Ressuscitou,, está aqui,** por isso queremos amá-lo e, sobretudo, amar à sua maneira, amara sem medida, amar sempre e a todos, não fazer nada, não dizer nada que fira o amor, não deixar que o poder do mal destrua a vida de amor do ressuscitado em nós. **Ressuscitou, está aqui,** por isso é urgente construir um mundo mais fraterno, mais justo, mais pacífico, um mundo sem fome, sem ódio, sem guerra, sem destruição da vida dos homens, um mundo onde a vida do ressuscitado seja paz e alegria para todos. **Ressuscitou, está aqui,** por isso O descobrimos no seio da família, unida em seu nome, igreja doméstica, que é fundada sobre o alicerce de Cristo Ressuscitado, pois nasceu no sacramento do amor, no matrimónio cristão e não quer que a cizânia da discórdia, do desamor, da desunião se instale em seu seio familiar. **Ressuscitou, está aqui,** por isso a paróquia ou a diocese, é comunidade unida pela sua presença, é comunhão de irmãos, é presença do ressuscitado no meio de um mundo hostil e pagão, materialista e consumista, e quer dar testemunho do amor e da vida do esposo, o senhor ressuscitado. **Ressuscitou, está aqui...** Descobre-O, ama-O, deixa-te tocar por Ele...deixa-te curar por Ele...vive d'Ele...sê presença e testemunha do Ressuscitado...

CENÁCULOS MARIANOS

A graça de Deus tem-me colocado em situações de verdadeiro dom e privilégio, em contacto com aquilo que em muitos lados se chamam os **cenáculos marianos**. A minha primeira e grande experiência, foi e é ainda hoje, na Póvoa de Varzim, na Basílica do Coração de Jesus. Uma vez por mês, resultado dum trabalho movido por uma senhora de excelente qualidade cristã, que o Senhor já tem no céu, juntam-se, há mais de cinco anos, cerca de 600 pessoas para, com Maria, rezar, cantar, celebrar os louvores de Deus. E muitos vêm de paróquias vizinhas, outros de longe, andando várias dezenas de quilómetros. Há de tudo: gente simples, pessoas cultas, alguns jovens, alguns casais, cerca de uma centena de homens, etc. Todos irmanados à volta de Nossa Senhora, para rezar e cantar. Primeiro, o terço meditado e cantado, depois a celebração da Eucaristia, finalmente um tempo de adoração a Jesus Eucaristia, colocado na custódia. Ninguém arreda pé. E rezamos durante duas horas. Uma vez por mês, mesmo no inverno, com frio e chuva, lá estamos cerca de 600 cristãos para nos encontrarmos com a Mãe e, com Ela, estar com Jesus e celebrar os seus louvores. E uns vão trazendo outros, convidando, sendo apóstolos. A Mãe tudo merece. E ela atrai, seduz, apela, convida, toca os corações. Sentimo-nos bem a rezar com ela; a mãe é presença reconfortante, é estímulo e modelo. Ela vai encaminhando muitos para os sacramentos, vai ajudando a crescer na fé e na vida interior, vai dando ânimo cristão, vai tecendo apóstolos e apóstolas, vai ajudando a fazer «santos». Que bela e encorajadora experiência são estes cenáculos mensais, na basílica do Coração de Jesus.

Mas... Com alegria e surpresa, com encanto e dando graças a Deus, vou sabendo que há muitos **cenáculos domésticos**. Um pouco por todo o lado, vão surgindo grupos de cristãos que se juntam em casa de uma família, para celebrar o «cenáculo». Devem existir muitas dezenas e centenas por Portugal inteiro, cada um seguindo seu ritmo, seu estilo de oração, mas sempre com o terço, com Maria, a Mãe da Igreja, em comunhão com o Papa. Participei há semanas num desses cenáculos domésticos. Estavam cerca de 25 pessoas, vindas de vários lados, recebidas pelo casal, dono da casa, que rezaram e cantaram, meditaram, partilharam vida e oração. Quem dera que estes **cenáculos domésticos** crescessem e se difundissem – um pouco à maneira dos primeiros cristãos, como nos contam os Actos dos Apóstolos, que se juntavam com maria, a mãe de jesus e a mãe da igreja, em oração. Pessoas do mesmo prédio, da mesma rua, do mesmo lugar daquela aldeia, pessoas vindas de mais perto ou mais longe, acolhidas como irmãos, cantarem e rezarem, com maria. De facto, estes cenáculos são um dom de deus, são uma graça imensa. Quantos, através deles, voltam à vida dos sacramentos, quantos se determinam por uma vida cristã mais séria, quantos encontram mais paz, mais alegria, mais força. Maria é caminho para deus, maria é caminho para as graças virem de deus até nós. E a grande força que vence o maligno é a oração, a grande força que «vence» a deus é a oração. Precisamos de rezar, de rezar mais, de rezar muito. Só a oração é força e graça, só ela alcança conversão e libertação interior, só ela nos faz aderir mais a jesus e viver o evangelho, só ela alcança as graças da paz, do amor, da liberdade, só ela vence o ódio, a injustiça, o crime. Infelizmente, rezamos pouco e rezamos mal. As nossas paróquias, as nossas catequeses não são escolas de oração. Os nossos movimentos fazem muitas coisas mas não são espaços de oração para que essas «coisas» dêem fruto em abundância. Quem dera que se multiplicassem os «cenáculos domésticos», que muitos cristãos se começassem a juntar para rezar, com maria, como maria. Podem ser só 2 ou 3, mas jesus estará lá no meio a fazer maravilhas. Não podemos desistir de ser apóstolos da oração, na família, na paróquia, nos movimentos apostólicos. Com Maria, a Mãe, estamos certos de que a «vitória» será nossa, como foi d'Ela e de seu Filho.

Rezar com Maria e como Maria, no coração da igreja, no corpo místico de Cristo, para que a Igreja seja mais pobre, mais serva, mais transparente de deus, mais ícone da trindade.

Rezar com Maria e como Maria, no seio das paróquias, para que estas se transformem, cada vez mais, em locais de comunhão, de partilha, de amor, de serviço, dando sempre a primazia ao absoluto de deus.

Rezar com Maria e como Maria, na família, como igreja doméstica, em vivência familiar de momentos de oração, que geram a unidade, a comunhão, a paz, a capacidade de perdão, o dom da fidelidade.

Rezar com Maria e como Maria, em grupos, do prédio, do bairro, do lugar da paróquia, juntando cristãos em oração, estabelecendo uma corrente que aumenta a fé, a esperança e a caridade e que vence o poder das trevas e do pecado.

Rezar com Maria e como Maria, nos seminários, à sombra maternal da mãe, para ajudar a formar corações sacerdotais, homens para o serviço dos outros, em total disponibilidade e generosidade.

Rezar com Maria e como Maria, nas casas religiosas, fazendo de cada uma centro de oração e de irradiação espiritual para os leigos da paróquia, do lugar onde vivem ou com quem trabalham, sendo modelo e estímulo.

Rezar com Maria e como Maria, fazendo «cenáculos vivos», grupos orantes, dinâmicos, fonte de renovação, de vocações, de fecundidade espiritual.

DEUS É CORAÇÃO...

Mais que um coração cercado de espinhos ou aberto pela lança do soldado, creio que nos importa hoje, olhar, contemplar, admirar o Coração de Cristo, como o coração do amigo, d'Aquele que nos ama sem limites, que quer estabelecer aliança connosco, que nos quer acolher dentro de Si mesmo, que continua a querer conquistar os nossos corações pela ternura, pelo carinho, pela sua amizade. Um coração de amor, um Deus que é coração. Um coração repleto de ternura, de graça, de compaixão, de carinho, de doçura, de misericórdia. É deste Coração que mundo precisa de ouvir falar, é deste Coração que o mundo precisa para que haja a civilização do amor, para que haja mais paz, mais amor à vida, mais verdade, mais justiça, mais harmonia e concórdia. Só o Coração do nosso Deus é a grande solução dos problemas do homem hodierno e do mundo inteiro. Só n'Ele a graça, só n'Ele a esperança, só n'Ele a salvação, só n'Ele a paz.

Em cada página do evangelho, em cada cena ou em cada milagre, em cada discurso ou em cada oração, encontramos o Coração de Cristo, Deus e Homem verdadeiro, em contínua atitude de amor, em sentimentos e gestos de amor, quando se reveste de misericórdia com os pecadores, quando acaricia as crianças, quando chora pela morte de Lázaro, quando se alegra pela conversão do Zaqueu, quando quer conquistar o coração de Pedro que O negou...é o seu Coração amigo que O leva a chorar sobre a cidade de Jerusalém, que tem compaixão da multidão faminta, que se comove com a viúva de Naim que leva a sepultar o seu filho único, que cura leprosos, cegos e paralíticos, que liberta a Madalena de ser apedrejada porque apanhada em adultério, que sofre a dor da traição de Judas...o evangelho é contínua revelação do Coração de Deus, do nosso salvador e redentor. Deus é Coração, Deus tem coração, Deus não é senão um Coração que ama infinitamente, que nos amou até dar a vida por nós. Contemplar o evangelho é descobrir sem cessar as ternuras, as riquezas, as maravilhas deste Divino Coração.

Não é verdade que nós próprios para falar do amor, da amizade, usamos a palavra coração e dizemos " amo-te de todo o meu coração"? Não é verdade que por todos os lados encontramos o coração como símbolo do amor, não só nos livros, nas canções, nos poemas, mas mesmo gravado nas cascas das árvores ou nos bancos dos nossos jardins? Quem ama entende a linguagem do coração porque a usa e pensa nela quase todos os dias. E cada um de nós sente bem quando o seu coração é bom, um coração de ouro, quando ama, quando dá e se dá, quando tem misericórdia e compaixão. E entende que o seu coração é mau, é coração de pedra, quando é duro, intolerante, crítico, pouco acolhedor, sem sentidos de piedade. Afinal a santidade corresponde a ter um coração como o do nosso Deus e Senhor e a conversão é a contínua e progressiva mudança de coração. Por isso nos fica sempre Jesus a segredar ao ouvido: "aprendei de

Mim que sou manso e humilde de Coração", metendo-vos na minha escola, aprendei com o meu coração, sede discípulos e imitadores do meu coração, que tem em si mesmo todas as virtudes, é oceano infinito de todas as graças, é fornalha ardente de caridade, é o coração do mundo.

Esse Coração de Deus, esse Deus que é Coração, tem sede do nosso coração, do nosso amor, da nossa presença, da nossa amizade, da nossa oração, da nossa companhia, do nosso tempo...ele quer conquistar, por dentro, os nossos corações para podermos amá-lo como merece e, n'Ele, amarmos os outros como Ele os amou. Vive "sequioso" de se dar a nós mas precisamos de ser recetivos, de ter um coração pobre e humilde para O acolher. Vive sequioso do nosso amor porque nos quer conduzir às alegrias inefáveis da união mística, da posse do divino, da identificação com o amado. Vive sequioso daqueles e daquelas que não O amam, não O conhecem, não O adoram, não O louvam, não Lhe dão graças, não entram em comunhão com Ele. Ele tem uma sede de amor, sede divina que quer ser saciada por nós, connosco. A nós cabe-nos dar-nos, matar a sede do nosso Deus, com a radicalidade da nossa vida mais evangélica, com a generosidade do nosso coração cada vez mais aberto ao seu dom e ao seu amor.

Por isso precisamos de proclamar, oportuna e inoportunamente, a todos e em toda a parte, sem desfalecer, com tenacidade e veemência, que **Deus é coração.**

Por isso precisamos de dizer aos que sofrem, aos que vivem desesperados, mergulhados na dor e no sofrimento, na amargura e na tristeza, que **Deus é coração.**

Por isso precisamos de testemunhar com a nossa vida, aos jovens, que gastam a sua na droga, no vazio da futilidade, do prazer sem sentido, que **Deus é coração.**

Por isso precisamos de mostrar com nossos gestos de amor, junto dos idosos, dos que estão sós e abandonados, dos que se sentem desprezados, que **Deus é coração.**

Por isso, é urgente que as famílias percebam, vivam intensamente, na sua vida e na sua oração, nas suas relações e nos seus problemas, que **Deus é coração.**

Por isso é necessário que se retome nas paróquias o sentido mais genuíno e bíblico desta devoção, para que todos entendam que **Deus é coração.**

Por isso precisamos de proclamar, com palavras e obras, as maravilhas do amor, as misericórdias do Senhor, para testemunhar que **Deus é coração.**

E nós, aos poucos, vamos aprendendo com Ele a ser coração.

A ARTE DE ORAR

Rezar é uma arte difícil que só o Espírito Santo pode ir ensinando, pois Ele é o mestre interior, o mestre da oração, e, também, é Ele que reza em nós, clama em nós, geme no nosso interior com gemidos inenarráveis e inefáveis. Só abertos ao sopro do Espírito, às suas moções interiores, ao "murmúrio" que Ele vai fazendo em nós, conseguiremos crescer na arte de orar. Para isso precisamos também da graça do silêncio interior, da capacidade, que é arte divina, de fazer calar em nós as vozes interiores que dissipam, distraem, fazem ruído na alma e no coração. E sabendo que a imaginação é a "louca da casa"., precisamos de silenciar no nosso interior tudo o que impede de entrar em comunhão, em diálogo, em intimidade. Se a oração é essencialmente diálogo com Deus, precisamos de fazer silêncio para O ouvir, para escutar os seus apelos, para nos deixarmos trabalhar pela sua acção, numa escuta atenta e amorosa, sem resistências, sem medos, sem barulhos que afoguem em nós a voz e os apelos do Senhor.

Há, como sabemos muita maneira de rezar, muito modo de chegar a Deus e ao diálogo com Ele. Este diálogo pode ser de palavras, mas também pode evoluir para um diálogo de reflexão e, mais ainda para um diálogo afectivo e de presença. Já não se dizem palavras, não se pensa, mas está-se em silêncio, amando o Amado. Por outro lado, vamos descobrindo que há muitos modos de oração vocal: louvor, acção de graças, mediação, oferta, súplica, etc. E há também a arte da meditação, da contemplação, do exame de consciência, da lectio divina, da oração litúrgica do ofício divino, etc. Modos e meios de ir rezando, passando das fórmulas ao interior do santuário, buscando cada vez mais a intimidade pessoal com o senhor, centrando-se no íntimo da catedral que é cada um de nós e, aí, encontrando a comunhão com a Santíssima Trindade. Por outro lado temos que ir percebendo o valor e ir desenvolvendo em nós a oração eucarística, a presença amorosa a Jesus Eucaristia, a graça da intimidade com Aquele que no sacrário nos espera e tem sede de nós. E não podemos esquecer a oração mariana, com o culto e devoção a Nossa Senhora, com a meditação e a reza do terço ou do rosário.

A oração é a força que vence a Deus, é a força dos fracos que tudo pode alcançar. A violência da prece, a perseverança da oração é uma graça, uma verdadeira revolução na vida pessoal, familiar ou comunitária. Infelizmente parece que todos rezamos pouco e rezamos mal. Rezamos sem convicção, sem fé, sem audácia, sem amor, sem perseverança, sem santa teimosia. Com uma oração mais frequente e mais alicerçada numa fé adulta, poderíamos alcançar milagres e, porventura, fazê-los. Precisamos todos de rezar mais. As famílias, como "igrejas domésticas" têm que ser lugar e escola de oração. Nas paróquias precisamos de cultivar mais a oração pessoal e comunitária, nas suas diversas formas, e lançarmos uma verdadeira pastoral da oração, uma pedagogia evangélica da oração. O evangelho está continuamente a convidar-nos a rezar, a pedir, a verdadeiro modelo do que deve ser cada um de nós. Rezar mais, rezar melhor, não nos cansarmos de rezar, embeber a nossa vida de espírito de oração, de comunhão com Deus, de intimidade com o Senhor. Só a oração nos alcança a paz e a justiça, a alegria e a santidade, a força e a misericórdia, a humildade e a generosidade. Não podemos deixar a oração diária, cada vez mais intensa em qualidade e, porventura, em tempo. Rezar sempre...oração contínua como nos recomenda a sagrada escritura.

Oração em pequenos grupos da rua ou do bairro, oração nos movimentos apostólicos, oração nos hospitais e nas cadeia, oração com os doentes, oração no velório dos defuntos, oração dando graças pela vida, pelo nascimento duma criança, pelo seu baptismo, pelo sua comunhão, oração preparando o matrimónio, oração que alimente essa vida matrimonial. Oração do consagrado e da consagrada para serem fiéis aos seus compromissos e para dar testemunho do absoluto de deus nas suas vidas, da primazia do divino. Colocar tudo no coração da mãe, a virgem dada à oração, a mãe orante, a senhora que rezou o magnificat, que pediu em Caná, que ofereceu no Calvário, que rezou com os Apóstolos no Cenáculo, que hoje intercede por nós no Céu.

Porque ficamos extasiados perante o amor de Deus e as suas maravilhas, a grandeza da criação e o poder da sua misericórdia, **precisamos de rezar,** louvando

Porque ficamos encantados com os dons e as graças do Senhor, com as torrentes de dádivas e de contínua generosidade, **precisamos de rezar,** agradecendo.

Porque sentimos o mal do mundo, o sofrimento, a dor, a maldade, o ódio e a mentira, a injustiça e o crime, a fome e a guerra, **precisamos de rezar,** intercedendo.

Porque queremos ser mais fiéis aos apelos de Deus, crescer na santidade e na vida interior, na adesão à vontade divina, **precisamos de rezar,** examinando.

Porque somos família humana e família de filhos de Deus, porque sentimos em nós as esperanças da humanidade e da igreja, **precisamos de rezar,** pedindo

Porque sabemos o valor da palavra de Deus, porque esta tem que ser para nós alimento e cura, salvação e graça, **precisamos de rezar,** meditando.

Porque sentimos que Deus é o Senhor, o tudo das nossas vidas, que seu Filho é salvador e redentor, rei e messias, **precisamos de rezar,** adorando.

Porque sentimos a nossa fragilidade, porque temos consciência da nossa pouca fé, porque somos pó e cinza, vasos de barro, **precisamos de rezar,** clamando.

Que não cesse nunca a nossa oração...

A VIDA: UM DOM SAGRADO

Tempo de verão, tempo de férias, pode e deve ser tempo para pensar no valor inestimável da vida, como dom de Deus, da graça da vida como acção do amor uno e trino, do Deus que nos ama e que nos criou à sua imagem e semelhança. E a vida humana é tão bela, tão grande na sua dignidade, tão preciosa, que até o Verbo quis a assumir a nossa carne, fez-Se homem, igual a nós em tudo menos no pecado.

Viver é uma graça. Temos de saber dar vivas à vida. Viver tem as suas consequências, tem direito e tem deveres, mas é algo de sagrado pois tem o selo de Deus. A vida é bela, é graça a ser enriquecida e cuidada com rectidão, carinho, dignidade. Não podemos profanar este tesouro que Deus colocou em nós, esta dádiva que o seu amor quis partilhar connosco. Daí os cuidados, as atenções com a vida humana, com o ser humano desde o embrião até à morte. Trata-se sempre de um ser, de uma pessoa, de algo maravilhoso e sagrado.

A igreja ensina que "ninguém, em circunstância alguma, pode reivindicar o direito de dar a morte directamente a um ser humano inocente. Esta norma nasce do mandamento: " não matarás" (ex 20,13). Por isso o homicídio voluntário se apresenta como um acto gravemente pecaminoso e, não se pode fazer seja o que for com a intenção de provocar indiretamente a morte duma pessoa. "o assassínio e quantos voluntariamente colaboram no assassinato cometem um pecado que brada aos céus" (Catecismo da Igreja Católica, 2268). Por isso também, a vida humana deve ser respeitada e protegida, de modo absoluto, a partir do momento da sua conceção, daí que o aborto se apresente como um crime abominável. E uma vez que deve ser tratado como pessoa desde a sua conceção, o embrião terá de ser defendido na sua integridade, tratado e curado, na medida do possível, como qualquer ser humano.

Pela mesma razão da vida ser um dom sagrado, a eutanásia se apresenta com um crime, pois "aqueles que têm uma vida deficiente ou enfraquecida reclamam um respeito especial. As pessoas doentes ou deficientes devem ser amparadas, para que possam levar uma vida tão normal quanto possível. Quaisquer que sejam os motivos e os meios, a eutanásia directa consiste em pôr fim à vida de pessoas deficientes, doentes ou moribundas e é moralmente inaceitável(cf Catecismo da Igreja Católica, 2276-2277).

A mesma doutrina, o valor da vida como dom sagrado, aplica-se também ao suicídio, ao respeito pela saúde, ao respeito pela pessoa e a investigação científica, ao escândalo, que é a atitude ou comportamento que leva o outro a fazer o mal, ao respeito pela integridade corporal, pois os raptos, o sequestro de reféns, a tortura, as amputações, mutilações, são actos contrários à lei moral. Ao falar desta sanções, a igreja só quer ajudar a defender a vida como algo precioso, só quer ajudar-nos a compreender que a vida é dom tão sério e tão digno de ser respeitado, que tudo o que atenta contra a vida, mesmo o álcool ou o tabaco exagerado, a falta de cuidado com a saúde, a falta de descanso necessário, o uso de estupefacientes, a não ser por prescrição médica e por motivos terapêuticos, como a produção e o tráfico de drogas, são tudo coisas que atentam contra a vida, esse tesouro inestimável que o criador nos concedeu.

Daí a necessidade de contribuir para um nível mais digno onde a pessoa humana tenha trabalho, casa, alimento, cultura, meios de cuidar da saúde, etc. Daí também a necessidade de exigir dos governos e da sociedade civil, leis que promovam a vida e dêem condições para cuidar dela com a máxima dignidade há multidões de seres humanos mergulhados na guerra, a morrer de fome, a matarem-se com a droga, a viverem condições indignas dum ser humano. Há milhões de pessoas sem casa, sem emprego, sem escola, sem meios de saúde. Há multidões de pessoas sepultadas em ambientes contrários à dignidade da pessoa humana e ao projecto amoroso de deus para cada ser humano, sua criatura e seu filho. Daí a necessidade de dizer um não a tudo o que conduz à morte ou que não vela cuidadosamente pela dignidade da pessoa humana. Daí as consequências que advém de projectos de partidos políticos ou de leis que não têm em atenção o mistério insondável e amoroso da vida. Não a tudo o que mata ou conduz a uma vida sem dignidade, a tudo o que é atentado à dignidade da pessoa humana. Precisamos de lura contra a cultura da morte e dar o nosso apoio e o nosso efectivo contributo a tudo o que conduz a ter uma cultura de vida mais sã, eficaz, duradoira, com dignidade e projectos que tornem as pessoas mais felizes e a viver em melhores condições.

Lutemos com energias e com meios lícitos contra o aborto, a eutanásia ou qualquer outro tipo de homicídio, pois **a vida é um sagrado.**

Evitemos tudo o que possa ser excessos, como o abuso de comida, de bebida, de tabaco, de medicamentos, pois **a vida é um dom sagrado.**

Ajudemos as pessoas a estimarem a vida e a não recorrerem ao suicídio voluntário, destruindo a sua própria existência, pois **a vida é um dom sagrado.**

Cultivemos sem cessar a cultura da vida e digamos não à cultura da morte e da destruição humana, pois **a vida é um dom sagrado.**

Respeitemos com dedicada generosidade a pessoa humana, respeitemos a sua saúde e integridade corporal, pois **a vida é um dom sagrado.**

Denunciemos a imoralidade da cólera assassina e do ódio, como atitude contra a caridade, da ira como desejo de vingança, pois **a vida é um dom sagrado.**

Evitemos, de todas as maneiras possíveis e lícitas, tudo o que possa conduzir à guerra, à fome, à destruição, pois **a vida é um dom sagrado.**

Procuremos lutar para que todos os homens e mulheres tenham casa, emprego, cultura, meios para cuidar da saúde, pois **a vida é um dom sagrado.**

A EUCARISTIA: UM TESOURO PRECIOSO

A Eucaristia, como maior sacramento, pois é dádiva do Cristo total, Deus e Homem verdadeiro, como renovação da Ceia santíssima, do mistério pascal, é o cume, o ponto mais alto da vida e da oração da Igreja. É centro para o qual devemos fazer convergir toda a nossa vida, centro no qual oferecemos tudo quanto somos e quanto temos: oração, trabalho, dores, alegrias, vida toda inteira, como gota de água que se dilui e transforma no vinho e é convertida em sangue redentor. É fonte da qual tudo vem: força, graça, santidade, paz, alegria...vem a divindade pois é o próprio deus que se oferece por nós e que nós comungamos. É o acto mais divino da nossa vida de cristãos, pois é a actualização do amor pascal, é a renovação do banquete celebrado na Quinta-Feira santa. É a pérola, é o tesouro, é o sacramento do amor, é a dádiva plena do nosso deus. Como evangelho resumido, pois a eucaristia contém todos os mistérios, desde a encarnação à glória, é a encarnação continuada na vida do cristão, na vida da igreja, como sacramento por excelência, como dádiva de amor de jesus que se dá a nós no altar. Mas é também dádiva trinitária pois cada pessoa divina se compromete no altar, no sacrifício eucarístico, o Pai dando Jesus, o Pão do Céu; Jesus oferecendo-Se a si mesmo; o Espírito consagrando o pão e o vinho em Corpo e em Sangue. E é dádiva de Maria, a Senhora do Santíssimo Sacramento, pois sem o seu "sim" não havia Jesus para Se oferecer por nós. Ele é, de verdade, carne da sua carne e sangue do seu sangue. Ela é a Mãe do Pão do Céu. A Eucaristia é fruto bendito do seu ventre sagrado.

O congresso eucarístico internacional a celebrar no méxico de 9 a 17 de outubro, com que se inicia também o "ano eucarístico" promovido pelo Santo Padre para toda a Igreja, ano que terminará no sínodo dos bispos que vai tratar da Eucaristia, chamam a nossa atenção para a Eucaristia. E podemos dizer sempre que chamam a atenção para a tríplice dimensão do amor eucarístico, algo semelhante a um amor-perfeito com três pétalas. Primeiro a celebração da eucaristia, a santa missa, o banquete sagrado, que renova a ceia e atualiza o mistério pascal. Em segundo lugar a eucaristia, comunhão, recepção do corpo e sangue, alma e divindade de Jesus, pois o alimento sagrado é para ser comido, o Cordeiro é para ser alimento dos fiéis, o Bom Pastor dá-Se em alimento às suas ovelhas. Em terceiro lugar, terceira pétala do amor eucarístico, a presença em sacrário que nunca pode ser descurada, esquecida, arrefecida na fé, na oração, na reparação, na adoração, no louvor, na nossa presença, no nosso amor. Viver em eucaristia, viver para a eucaristia, viver da eucaristia. Tudo e todos centrados n'Ela, mergulhados n'Ela, como gota de água no vinho. Tudo tornado sagrado, redentor, divino, porque mergulhado em Jesus Eucaristia, o nosso tesouro.

A Eucaristia é Pão para um mundo novo, mais justo, mais fraterno, mais pacífico, mais segundo o Coração de Deus. É Pão para ajudar os homens a crescer na santidade de vida. É Pão que deve fazer nascer naqueles que O recebem um coração novo, capaz de amar à semelhança do Coração do próprio Jesus. É Pão que alimenta, que nos há-de transformar n'Aquele que recebemos. Daí que a Eucaristia é escola contínua de caridade, de dom, de serviço, de entrega. Participamos no "tesouro eucarístico" para sair d'Ele a amar mais e melhor, para dimensionar a nossa vida pelo sacramento do amor, para dilatar o nosso coração ao tamanho do mundo, para que todos tenham lugar em nós e na nossa vida de cristãos. Por isso devemos preparar a Eucaristia com gestos, com atitudes interiores de humildade e de serviço, como quem se ajoelha e lava os pés aos seus irmãos. Sem lava-pés não há verdadeira Eucaristia, não estamos preparados para celebrar o sacramento do amor. Sem comungar os outros em nosso coração e na nossa vida, não estamos preparados para comungar Jesus no pão sagrado. Por outro lado é comungando esse pão divino, o pão dos anjos, o alimento celeste e divino, que o nosso coração se rasga, se abre ao amor, se dispõe a amar ao jeito de Jesus de Nazaré. A Eucaristia transforma os nossos corações e as nossas vidas, faz ser cristãos "eucarísticos", cristãos que amam, cristãos que só desejam ser uma "eucaristia viva", dando-se aos outros com uma generosidade sempre maior, mais evangélica. E o amor quanto mais universal mais divino.

Peçamos perdão pelas missas mal celebradas, pelas comunhões mal feitas, pelas faltas de respeito e de amor para com Jesus no sacrário, tantas vezes só e abandonado, pois **a eucaristia é um tesoiro precioso.**

Preparemo-nos com esmero e com coração, em gestos de lava-pés, de humildade e de serviço aos nossos irmãos, para participar bem do sacramento do amor, da Ceia Santíssima, pois **a Eucaristia é um tesouro precioso.**

Vivamos intensamente, na festa e no recolhimento, no amor e no gáudio cristão, cada celebração eucarística, cada renovação do mistério pascal, cada "fração do pão", cada missa, pois **a Eucaristia é um tesouro precioso.**

Levemos a eucaristia para a vida, para casa e para o trabalho, para os tempos de lazer e de oração, para as múltiplas actividades do nosso dia, amando ao jeito de jesus cristo, o rabi de nazaré, pois **a Eucaristia é um tesouro precioso.**

Sejamos "apóstolos da eucaristia", falemos d'Ela, demo-La a conhecer, façamo-La amar por todos os cristãos, ajudemos todos a apreciá-La como pérola das suas vidas, pois **a Eucaristia é um tesouro precioso.**

Tenhamos fome e sede do alimento eucarístico, vamos ao sacrário com frequência para adorar, reparar, louvar, agradecer, ser presença amiga pois Jesus tem sede de nós, da nossa companhia, pois **a Eucaristia é um tesouro precioso**

SANTOS, PRECISAM-SE

Creio que não houve pontificado nenhum em que houvesse mais beatificações e canonizações. Este facto é um apelo para a igreja, para cada um de nós a sermos mais santos. É apelo à santidade de todos, como nos ensinou o Concílio Vaticano II, ao falar da vocação universal à santidade. Se somos vocacionados à santidade precisamos de nos abrir ao sopro do Espírito que nos santifica. Precisamos de viver com intensidade de fé e de amor uma vida sacramental que nos santifica. Precisamos, sobretudo de viver o mandamento novo do Senhor, o mandamento do amor fraterno: "amai-vos uns aos outros como eu vos amei", que é o caminho mais directo da santidade e para a santidade. Se Deus é amor seremos tanto mais santos quanto mais amarmos. Mas santos de vida, não de oração estéril, de penitência infecunda, de trabalho que esvazia. Santidade que é a vida de Deus em nós, santidade que é comunhão pessoal e íntima com a Trindade, santidade que é a vivência do amor.

A santidade não é privilégio de alguns é vocação de todos. Um santo não é uma pessoa "anormal", estranha nos seus comportamentos, a viver numa redoma. Um santo é um pecador que não desiste, que luta, que se deixa fortalecer pelo espírito e caminha, mesmo com defeitos e quedas. Um santo é um cristão normal que coloca a máxima perfeição em tudo o que faz, diz, reza, sofre, etc. Para se identificar cada dia com Jesus, o santo por excelência, o autor e o consumador da santidade. Um santo é um cristão e uma cristã que colocam amor em todas as coisas que fazem e procuram fazer tudo com o coração em Deus. Um santo não é um visionário, um penitente rígido, alguém que vive a fuga do mundo e das pessoas. Onde está, onde vive, onde trabalha, ama a sério a vontade de Deus e deseja cumpri-la com a máxima perfeição de que é capaz. Mas um "santo" é sobretudo um cristão ou uma cristã que se deixa trabalhar por Deus, que abre o seu coração e a sua alma a Deus, que pede a Deus que o vá conduzindo nos caminhos da santidade. Esta é mais dom que uma conquista. Não é santo quem quer, mas sim quem se deixa ajudar por Deus e pela força santificadora da sua graça. Daí que a santidade exige a súplica humilde, sincera, perseverante. Só o amor de Deus nos pode fazer santos.

A exortação de jesus, "sede perfeitos como o Pai", deve ecoar continuamente nos nossos ouvidos e nos nossos corações. A palavra de S. Paulo: "a vontade de Deus é a vossa santificação" deve ser um contínuo clamor aos ouvidos da nossa alma. O mundo precisa de homens e de mulheres que aceitam o desfio da santidade, que apostam no caminho da santidade, que buscam a santidade no coração e no amor de Deus. Que seria a igreja sem santos? Que seria uma paróquia sem santos? Que seria uma família sem santos, que seriam as nossas fábricas, as nossas escolas, os nossos locais de lazer, as nossas universidades, os locais de emprego, sem homens e mulheres que apostam na santidade das suas vidas. Homens e mulheres que não só procuram saber coisas sobre

Deus, sobre a fé, sobre a bíblia, mas que tentam saborear Deus, experimentar Deus, que entram no diálogo com Ele, que preenchem a sua vida de muita oração, de comunhão como divino, com Deus uno e trino. Doutores sem oração não experimentam Deus e não caminham para a santidade, padres sem oração, não serão bons pastores, pais e mães de família sem oração, não constroem uma verdadeira igreja doméstica. Consagrados sem uma vida de oração fecunda, tendo Deus como seu absoluto, são uma caricatura de homens e mulheres que deviam ser só de Deus. Baptizados que, no meio da sua vida familiar, social e profissional não dão testemunho de Deus porque lhes falta uma oração que os comprometa com o divino, para poderem amar e transformar o mundo, não são luz, nem sal, nem fermento.

Santos, precisam-se, pois os baptizados trazendo em si mesmos o gérmen da santidade, necessitam de o testemunhar com as suas vidas e com o seu modo de amar a santidade de Deus.

Santos, precisam-se, pois a igreja que é santa mas composta de homens e mulheres pecadores, precisa de testemunhar ao mundo a santidade de Jesus, o seu esposo, o santo por excelência.

Santos, precisam-se, pois as famílias em que vivemos têm de ser verdadeiras "igrejas domésticas", onde reine o amor, a justiça, a harmonia, a unidade mais perfeita, a comunhão, a capacidade de perdão e de tolerância.

Santos precisam-se, pois a sociedade, tantas vezes mergulhada na guerra, no ódio, no crime, em que há tanta fome e tanta espécie de miséria, necessitam de apóstolos do amor e da verdade, defensores da vida e da justiça.

Santos precisam-se, pois as trevas ofuscam a luz, o ódio quer dissipar o amor, a mentira quer impor-se à verdade, há tentativas satânicas para nos afastar de deus e precisamos de luzeiros que nos ensinem o caminho e nos indiquem a verdade.

Santos precisam-se, pois há uma onde de luxúria, de pornografia, há uma falta de estima pelo dom da castidade e pela maravilha da virgindade, e precisamos de quem nos "grite", que o amor puro é dom e graça.

Santos precisam-se, pois o demónio, príncipe da trevas e homicida desde do começa, continua a sua obra de destruição e de morte, e necessitamos quem dê a vida para defender a vida, quem testemunhe o valor sagrado da dignidade humana.

Santos precisam-se, pois a onda de egoísmo, de consumismo, de egocentrismo, os falsos valores do dinheiro, do prazer, do álcool, da droga, necessitam de quem seja capaz de testemunhar o amor evangélico e o dom sem limites.

Santos precisam-se, pois enquanto houver leis e programas de governos que aprovam o aborto e a eutanásia, que não defendem o valor da vida, que semeiam a cizânia no meio do joio, necessitamos de quem nos testemunhe o divino e o sagrado.

Santos, precisam-se, pois o ciúme, a avareza, a soberba, a autossuficiência, são anti-valores que não deixam viver o evangelho e necessitamos quem nos aponte caminhos de humildade, de serviço, de despojamento evangélico.

OS NOSSOS MENINOS QUE SÃO JESUS

Belém cidade de Judá, onde nasceu o Menino Jesus, o Salvador e Redentor, o filho de Deus e o filho de Maria. Belém privilegiada por acontecer no seu interior o nascimento do Messias, e por isso venerada e visitada através dos séculos. Belém cidade que devia ser da paz anunciada pela voz dos anjos, que cantaram em coro: "paz na terra...". Belém é convite à harmonia, à unidade, à tranquilidade, à paz, ao desenvolvimento, pois é lugar onde Deus nasceu feito Menino. Mas Belém é hoje lugar de ódios, de sangue, de terrorismo, de violência, de confrontos, de pesadelos, de desunião, de intranquilidade. É cidade que anseia pela liberdade, que quer paz, que busca pontes para unir pessoas, mas tem muros que dividem, que separam, que geram violência.

Mas Belém é hoje tantos lugares do mundo onde nascem cristos, meninos sem casa, sem amor, sem carinho...Belém são tantos tugúrios onde meninos nascem sem dignidade, sem meios de higiene, sem condições de sobrevivência...Belém são hoje, barracas sem teto, onde entre a água da chuva, os mosquitos, os ratos, que não deixam viver em paz os meninos, os cristos recém-nascidos...Belém são hoje casas de famílias onde falta tudo: pão, emprego, amor, perdão, carinho, e não há ambiente para as crianças que nascem...Belém são campos de concentração onde, depois da opressão e da violência, vêm ao mundo crianças bonitas, inocentes e pacíficas...Belém são campos de refugiados, onde reina o desconforto, a fome, a falta de água, de alimentos, de segurança, e onde crianças nascem para morrer vítimas de tanto mal e tanto desconforto...Belém são hoje, hospitais pediátricos, onde estão muitas crianças cancerosas, muitas a sofrer o vírus da sida, muitas a debaterem-se pela vida que parece ser-lhe roubada...Belém é hoje um pedaço de mundo onde há crianças a sofrer abusos sexuais, violência corporal, maus tratos, sem terem um beijo amigo, um coração que lhes dê amor...Belém é hoje lugar onde os pastores já não vistam, onde os anjos já não cantam, onde os magos já não levam presentes...Belém são hoje, espalhados pelo mundo, locais de crime que matam crianças antes de nascer, que violentam as vidas inocentes até à morte...

Não podemos deixar matar as nossas crianças inocentes e indefesas, não podemos deixar que abusem delas e as violentem, não podemos deixar que morram de fome, não podemos deixar que nasçam sem amor e sem carinho que as rodeiem, não podemos deixar que essas belas flores, esses rostos inocentes percam o encanto, a beleza, o brilho de esperança de seus olhos. E também não podemos continuar a dar a muitas das nossas crianças tudo quanto querem e pedem, não podemos continuar a deixá-las brincar com brinquedos bélicos, não podemos deixá-las ver filmes de terror ou de sexo, não podemos abandoná-las em casa para os pais se irem divertir e mergulhar no prazer, tantas vezes fútil e sensual. Não deixemos que os nossos cristos, os nossos meninos e meninas, vivam mais o horror das discussões e dos maus tratos dos pais, não deixemos que chorem de medo e de fome, não permitamos que vivam a solidão e o isolamento, que os deforma e magoam por dentro.

Os nossos cristos, os nossos meninos e meninas precisam de mais amor, de mais atenção, de mais carinho, de mais ternura, mesmo que não possam ter mais dinheiro, mais brinquedos, mais peças de roupa de marca. Deixemos que as nossas crianças cresçam na paz e no amor, deixemo-las viver a alegria sã da sua meninice, deixemos sorrir seus lábios, florir seus olhos. Ensinemo-las a dar, a repartir, a não serem egoístas e serem ao jeito do menino de belém. Procuremos que as nossas crianças saibam quem foi o Menino, que gostem d'Ele, que Lhe ofereçam uma prenda neste tempo de natal. Com as nossas crianças construamos o presépio, com ternura e carinho, com encanto e beleza, com simplicidade e "ingenuidade" evangélica.

Demos aos **meninos dos nossos presépios**, o aconchego, a ternura, o amor que Maria e José, deram ao Deus Menino no presépio de Belém.

Demos aos **meninos dos nossos presépios,** a possibilidade de viverem, de crescerem em sã harmonia, sem fome e com carinho.

Demos aos **meninos dos nossos presépios,** muito do que nos sobra em casa e não nos faz falta, e pode ser amparo, ajuda, semente de felicidade.

Demos aos **meninos dos nossos presépios,** um sorriso acolhedor, meios de higiene e de alimentação, mais paz e mais calor humano.

Demos aos **meninos dos nossos presépios,** um acolhimento sadio, um ambiente festivo, a alegria de festejarmos mais uma vida.

Demos aos **meninos dos nossos presépios,** toda a ajuda ao nosso alcance, movendo leis e governos, para que tenham o que é justo à dignidade duma criança.

Demos aos **meninos dos nossos presépios**, a certeza dum futuro com paz, com pão, com amor, sem violência nem ódio.

Celebremos o Natal a pensar, a rezar, a repartir pelos meninos e meninas que não têm ambiente, condições de verdadeiro nascimento do Deus Menino. E não deixemos de encantar as nossas crianças pelo presépio e não só pelas prendas, pelas árvores de natal, pelo pai natal. Vivamos o nosso Natal com o coração aberto a todos os cristos que precisam e têm direito ao nosso amor.

CAMINHOS DE UNIDADE

A celebração anual, de 18 a 25 de Janeiro, do Oitavário pela Unidade da Igreja, deve comprometer-nos a uma séria e cuidadosa celebração, a um compromisso urgente de sermos construtores de unidade, a um esforço de organizar à nossa volta acções que levem a viver, quer em comunidade paroquial ou religiosa, quer em grupo ou movimentos, este oitavário. Dias privilegiados para pensar na unidade da Igreja, que é una, mas está escandalosamente dividida. Dias para suplicar meios e instrumentos de unidade em todas as igrejas cristãs. Dias para, em comunhão com todos os cristãos, tentar levar por diante a palavra de Jesus: «Pai, que todos sejam um». Dias para reavivar em nós e nos outros sentimentos e desejos sinceros de diálogo e de unidade. Dias para nos interrogarmos, nos questionarmos se somos, como cristãos e católicos, homens e mulheres de unidade. Dias de súplica intensa para que Deus conceda, aos cristãos, a graça de caminharmos mais e mais na unidade, de darmos passos decisivos para viver a unidade.

A fonte da verdadeira unidade é a vida trinitária. A Trindade é unidade plena, é comunhão total. O amor trinitário realiza esta maravilha: três pessoas, porque se amam dum modo infinito, são um só Deus. O amor gera unidade e comunhão. É na vida trinitária que vamos buscar a fonte e o modelo da nossa unidade como cristãos. Imitar a Trindade é realizar, na vida quotidiana, passos de unidade verdadeira, é viver em comunhão, o mais plenamente possível.

Por outro lado, o Espírito Santo, alma da Igreja, é espírito de unidade e de comunhão. Ele quer fazer de muitos um só corpo. Ele, que realiza a comunhão entre o Pai e o Filho, quer realizar a comunhão dos baptizados. Movidos pelo Espírito, trabalhados por Ele, convertidos por Ele, seremos construtores de unidade, de paz e de comunhão. Só o espírito pode conseguir que vivamos unidos, à semelhança do pai e do filho. Mas necessita da nossa conversão, do nosso esforço, da nossa adesão intensa para alcançar a unidade da fé , alicerçada na caridade.

E é necessário não esquecer, sobretudo neste ano da eucaristia, que esta é fonte de unidade, é sacramento de unidade. Antes de celebrar o sacramento do amor, já devemos estar unidos como verdadeiros irmãos e irmãs. Não podemos ir para junto do altar e oferecer a nossa oferta, se alguém tem algo contra nós. Só na unidade celebramos bem a Eucaristia. Mas, por outro lado, ela é fonte de unidade, pois, se todos comungamos o mesmo corpo eucarístico, é para formarmos um só corpo eclesial. Participar na Eucaristia é ir à fonte da nossa unidade cristã. É o mesmo Jesus que vem a cada um para formar a unidade de todos.

Pai que todos sejam um, para que o mundo acredite em Jesus como Salvador e Redentor, como o Messias enviado por Ti.

Pai que todos sejam um, para darmos ao mundo o testemunho do amor fraterno, como discípulos de teu Filho Jesus.

Pai que todos sejam um, para que a unidade dos cristãos seja no mundo semente de paz e de justiça, de concórdia e de comunhão.

Pai que todos sejam um, para que a beleza da unidade leve os não crentes e os membros de outras religiões a unirem-se em projectos de amor e de vida.

Pai que todos sejam um, para que a divisão e a discórdia dos baptizados não seja escândalo para o mundo, sobretudo para os não crentes.

Pai que todos sejam um, para testemunharmos, com a vida fraterna e amiga, a unidade da Santíssima Trindade, realizada pelo amor infinito.

Pai que todos sejam um, para que essa unidade seja fermento da concórdia entre povos e nações, entre raças e etnias.

Pai que todos sejam um, para que a unidade dos baptizados seja fonte de unidade entre as famílias e dentro de cada família.

Pai que todos sejam um, para que a unidade de cada presbitério com o seu bispo seja exemplo vivo de comunhão e de vida fraterna.

Pai que todos sejam um, para que esta unidade seja semente de paz, de verdade, de justiça, e terminem as guerras, os ódios, os crimes.

Pai que todos sejam um, para que as crianças e os jovens vivam num ambiente que os ajude a crescer como pessoas dignas e verdadeiramente humanas.

Se o Oitavário é vivido, cada ano, em Janeiro, a prece pela unidade e o esforço de unidade devem ser quotidianos e atravessar a nossa existência, como clamor e súplica ao Pai. Temos todos de sonhar com uma igreja unida, com um tempo em que todos os baptizados celebrarão em comum a Eucaristia, com um tempo em que não haja várias igrejas cristãs, mas uma única Igreja, o rebanho único do Senhor. Não percamos a esperança. Vivamos na fé este caminhar orante que atrairá a unidade para todos os crentes. E demos também, com humildade e compromisso cristão, passos concretos para que haja um só rebanho e um só pastor.

CONSAGRADOS: LIVRES PARA AMAR.

No dia 2 de fevereiro celebramos o dia do consagrado, entendendo por este termo e estas pessoas, aquelas e aqueles que o Espírito consagra e se entregam a Deus através dos votos de castidade, pobreza e obediência. Trata-se de prolongar até ao extremo o dom da consagração baptismal, de assumir livre e publicamente, a entrega, pelos votos, a oferta radical para viver ao jeito de Jesus casto, pobre e obediente.

De facto o modelo, o estímulo a estes votos, a assumir esta consagração, é Jesus Cristo que viveu casto e virgem, que proclamou bem-aventurados os puros de coração, que apelou aos eunucos por causa do reino dos céus. Jesus que nasceu, viveu, morreu pobre e proclamou bem-aventurados os pobres, pois Ele mesmo de rico Se fez pobre para nos enriquecer da sua pobreza. Jesus Cristo que foi obediente ao Pai até à morte e morte de cruz, que disse que o seu alimento era fazer a vontade do Pai, que na cruz afirmou, tudo está consumado. É olhando e amando este Jesus, que um jovem, rapariga ou rapaz, que uma mulher ou um homem, com o desejo de O imitar fazem os seus votos, depois de sentirem que são chamados a este caminho dos conselhos evangélicos. A paixão por Jesus, o amor por Ele e pela humanidade, a quem querem amar e servir, levam-nos a comprometerem-se neste caminho de radicalidade.

No seio da igreja, através dos séculos, apareceram muitas ordens, congregações e institutos religiosos, assim como institutos seculares e sociedades de vida apostólica, onde, na diversidade de fundadores e de carismas, todos têm como desejo último imitar a Jesus Cristo, fazendo os votos de castidade, pobreza e obediência. O Espírito Santo foi suscitando ao long dos séculos, consoante as necessidades da igreja e da humanidade, carismas novos, com novas fundadoras e fundadores, enriquecendo a própria igreja, com certa novidade, que cada carisma comporta. Na vida contemplativa ou na vida activa, na vida religiosa ou na consagração secular, todas e todos são movidos pelo mesmo desejo: imitar Jesus Cristo, entregando-se, através dos votos de castidade, pobreza e obediência, para estarem livres para um amor mais radical, mais evangélico, mais ao jeito do Rabi de Nazaré.

Com os olhos em Maria, a mulher virgem, pobre e obediente, recorrendo à sua protecção e amparo, tendo-A como modelo mais próximo, sabendo-A mãe e mestra, os consagrados amam-n'A e contemplam-n'A com a certeza que a Senhora é caminho seguro para ajudar a viver a consagração, a viver o compromisso dos votos. Maria que Se deu a Deus e que deu Deus aos homens, é o modelo encantador que os consagrados encontram nos caminhos das suas vidas, para terem coragem, alento, alegria e audácia, para se darem plenamente ao Senhor e aos irmãos, desejando "ser Maria hoje", no dom e na entrega a Deus e à humanidade, sobretudo aos mais pobres, aos mais doentes, aos mais carenciados, aos mais sós, àqueles que vivem sem pão, sem Deus, sem amor.

Disponíveis para amar e servir, os consagrados, vivem a alegria da sua entrega inseridos na igreja, na vida paroquial, nos mosteiros de clausura ou no meio do mundo secular, vivem a sua tarefa na oração, no ensino, na acção missionária, na vida apostólica, na evangelização, na acção social e caritativa. Desde professores universitários a monges de clausura, desde educadores a enfermeiros, desde inseridos em trabalhos e instituições ditas profanas, desde as horas de reparação e adoração diante de Jesus Eucaristia à vida atribulada dum assistente social, todos, cada um no seu lugar, encantam-se por amar e servir, ao jeito de Jesus, o Bom Pastor que busca ovelhas perdidas, o bom samaritano que trata da humanidade caída na valeta da vida. Desde escritores a capelães de hospitais, desde de agentes a cuidar de crianças ou de idosos, desde gente ilustre na catequese, na música, na liturgia, desde aqueles que gastam a vida com ciganos, doentes, marginais, os consagrados são no mundo a presença vida d'Aquele que passou fazendo o bem.

Se fazem um voto de castidade não é por desprezo ou renúncia a uma família ou ao sacramento do matrimónio, mas para imitar Jesus e estarem mais livres **para amar e servir.**

Se fazem um voto de pobreza não por desprezo aos bens, tudo é bom e vindo das mãos de Deus criador, mas para imitar Cristo pobre e estarem mais livres **para amar e servir.**

Se fazem um voto de obediência não é por desprezo à sua vontade e liberdade, dons preciosos do amor de Deus, mas para imitar Jesus e estarem mais livre **para amar e servir.**

Só assim se podem dedicar aos irmãos de alma e coração, só assim podem, como S. Paulo, tentarem ser tudo para todos, no serviço generoso humilde e dedicado, **para amar e servir.**

Só com a consagração pelos votos, só vivendo a radicalidade das suas vidas, como hóstias vivas oferecidas a Deus e aos irmãos, eles podem imolarem-se **para amar e servir.**

Só vivendo ao jeito de Jesus, com o coração desapegado de todos e de tudo, só assumindo ser grão de trigo que sabe morrer para gerar vida, os consagrados se alegram de viverem **para amar e servir.**

Só dando o primado a Deus, como absoluto das suas vidas, numa oração que apanha por dentro as fibras do coração e o lastro da vida, eles são capazes de serem instrumentos **para amar e servir.**

O MISTÉRIO DA INIQUIDADE

Nestes tempos de quaresma, tempo favorável para escutar a palavra de Deus, tempo privilegiado para a nossa conversão ao amor, tempo de mais penitência e de mais oração, é urgente pensar no pecado. Parece que não gostamos de o fazer. Há quem diga até que já não há pecado. Há quem afirme que o maior pecado dos tempos de hoje é a falta de consciência de pecado. O demónio, pai da mentira, como lhe chama Jesus, parece estar interessado em enganar-nos, em levar-nos a pensar que não temos pecado, que não há pecado no mundo. Mas isto é artimanha do maligno, daquele que é o príncipe das trevas, e as trevas, como nuvem densa de poeira, impede que os olhos da alma e do coração descubra o mistério da iniquidade que está em nós e no mundo. E o mistério da iniquidade não é, propriamente, o somatório dos pecados, mas o elo maligno e satânico, de miséria e maldade, de podridão e fealdade, que os une. É este mistério de iniquidade que está em nós, nos outros, nas próprias estruturas da sociedade, no mundo mau e satânico, como diz S. João, em oposição ao mundo belo criado por Deus.

Para muitos hoje, numa permissividade assustadora, quase a caminhar para a loucura, para a máxima aberração, para a paranoia de um agir sem lei, sem regra, sem pudor, sem dignidade, onde tudo se pode fazer, tudo se pode dizer, tudo se pode realizar, desde o matar ao roubar, desde a promiscuidade sexual à droga, desde a fraude até ao crime. Numa avalanche que não pára mais, como lava de vulcão a rolar pela montanha abaixo, o mistério da iniquidade está aí, a cada esquina, em cada rosto, nas manobras subtis da tentação, nos enredos nefastos do prazer pecaminoso, nas afrontas indignas ao valor da vida, da justiça, do amor. Espreita-nos, esse mistério de iniquidade, nos écrans da televisão, nos anúncios dos jornais, em tantos artigos que levam a maldade e o labirinto da mentira ou do suborno. Espreita-nos quando se deseja votar leis permitindo matar uma criança antes de nascer ou um idoso ou doente através da chamada eutanásia. Espreita-nos nos cartazes, por vezes imundos, eróticos, pornográficos, ou nos anúncios do marketing que nos cegam e seduzem. Espreita-nos dum modo maléfico e subtil quando perante o pecado, o mal, o satânico, já há muita gente que fica impassível, sem capacidade de julgar, de optar pelo bem e pelo melhor, aceitando o pecado com a máxima naturalidade sem pudor ou repugnância instintiva.

Bernanos, um famoso autor francês, afirmou que "o nosso pecado envenena o ar que os outros respiram". E todos vamos ficando contaminados. Como denso nevoeiro que suja e impede os olhos da alma e do coração de verem com justeza e dignidade. Chafurdados na lama, enredados pelo pecado, seduzidos pelo espírito do mal, manobrados pela tentação, enganados pelo poder das trevas, pelo pai da mentira, alienados pelo que luz mas não é oiro, presos pelas correntes do mal e da iniquidade, caminhamos no mundo da iniquidade. E um pecado vai arrastando a outro. David porque causa do adultério vai cometer um homicídio. Judas porque era ladrão vendeu o Mestre. Quem é orgulhoso forçosamente pisa e destrói os outros, quem é vaidoso nunca terá espírito de pobreza evangélica, quem entra na areia movediça vai-se enterrando cada vez mais. E, às vezes, na tentativa de sair de um pecado cai noutro, pois o emaranhado da teia, ou da densa nuvem de poeira, não o deixa libertar.

Mas a quaresma é tempo de graça, de libertação, de conversão. A palavra rezada, lida, meditada é fonte de conversão e de mudança. A oração mais cuidada e mais intensa é caminho para a libertação interior. A penitência, a ascese, como esforço para a santidade, é meio eficaz para nos ajudar a sair do mistério da iniquidade. Com Deus e com o seu amor infinito, com o poder salvífico da sua graça, nunca nada está perdido. Já fomos salvos por Jesus Redentor, já fomos libertos pelo dom precioso do baptismo. Não podemos desanimar, desistir, ter medo. A vitória será sempre nossa, porque Ele está connosco, o Senhor, o Libertador, o Salvador. A vitória pode ser nossa porque já foi d'Ele.

Com a palavra lutemos contra o **mistério de iniquidade** que está em nós, nos outros, no mundo, na certeza que a vitória será nossa, unidos a Deus e alimentados pelo dom da sua palavra salvadora. Com a oração lutemos contra o **mistério de iniquidade** que está em nós, nos outros, no mundo, e não deixemos de rezar, mais e melhor, para alcançar a vitória do amor que salva e liberta. Com a penitência lutemos contra o **mistério de iniquidade** que está em nós, nos outros, no mundo, na certeza de que a ascese, a penitência, a mortificação é um modo de nos identificarmos com jesus crucificado, o homem penitente e sofredor. Com a graça do sacramento da reconciliação lutemos contra o **mistério de iniquidade** que está em nós, nos outros, no mundo, deixando-nos purificar pelo perdão de Deus, deixando-nos curar pela misericórdia divina que é graça que cura e que salva. Com a adoração eucarística lutemos contra o **mistério de iniquidade** que está em nós, nos outros, no mundo, acreditando na presença libertadora de Jesus Eucaristia, sabendo que Ele permanece em nós e nós n'Ele, e que será em nós força divina que destrói o pecado e o mal.

O MISTÉRIO DO ENVIO

Na manhã de Páscoa nasceu, como era costume dizer, a mística do apostolado. O Jesus Ressuscitado torna-se o mestre do envio, da missão. Aliás, as suas ressurreições, com o complemento glorioso da Ascensão, tornam-se os mistérios do envio, que o Pentecostes há-de realizar dum modo pleno. Jesus ressuscitou e, agora, envia muitos em missão para realizarem maravilhas, para continuarem o que ele realizou, para serem, por todo o mundo, suas testemunhas. Tudo nasce nessa manhã em que ele vence a morte e o pecado e ressuscita, completando desse modo o mistério da sua morte, sendo o Jesus glorioso, o vencedor do poder das trevas, o Senhor da glória. Vivo e Ressuscitado é para sempre o Rei e Senhor. E partilha connosco a missão que o Pai lhe confiou.

Jesus foi o «enviado», o primeiro missionário, aquele que o Pai envia para salvar e remir, para anunciar a palavra que liberta e cura, para fundar uma igreja e instituir uns sacramentos, para realizar, através do seu mistério pascal, a obra da redenção. Agora, envia-nos a nós. Como cristãos e como apóstolos, nascemos na manhã de Páscoa. Enviados por Ele, temos que O testemunhar, que anunciar a palavra, ensinar, baptizar, fazer discípulos, ser presença viva d'Ele, em todo o lado, através dos séculos. E tudo começou nessa manhã gloriosa da Páscoa, com a sua vitória, com a sua ressurreição, com a sua vida nova de Jesus vivo e glorioso.

De facto, na aparição a Maria Madalena, depois de ela o ter reconhecido, pois no início pensava que era o jardineiro, Jesus diz-lhe uma palavra de envio, confere-lhe uma missão: «vai dizer a meus irmãos...». Esse «vai» é a palavra misteriosa que lhe confere a missão de ir anunciar que Ele está vivo, que lhe apareceu, que ressuscitou. Ela torna-se mensageira dessa realidade maravilhosa, dessa preciosa e encantadora notícia. E, cheia de fé e de amor, vai ao Cenáculo anunciar que O viu, que Ele está vivo e ressuscitado. Ela é portadora da mais extraordinária notícia da história: «aquele que foi crucificado e morto, agora vive para sempre».

Depois, nesse mesmo dia, pela tarde, Jesus aparece aos onze que estavam no Cenáculo, com trancas na porta, com medo dos judeus. Os seus discípulos eram agora homens tristes, medrosos, acabrunhados, sem esperança. Metidos em casa, fugiam ao mundo, repletos de medo e mergulhados na tristeza. O Mestre tinha sido morto e parecia não lhes restar mais nada. Mas eis que Jesus lhes aparece, mostra-se vivo e ressuscitado, fala com eles, inunda-lhes o coração de alegria e de esperança, da certeza da sua ressurreição. E, que mística maravilhosa, logo nesta primeira aparição ao grupo reunido no Cenáculo diz: «como o Pai Me enviou, também Eu vos envio a vós». Aquele grupo de homens, transformados pela presença e palavra do Mestre, torna-se testemunha viva do Senhor Ressuscitado. Irão por todo o mundo, com o coração em fogo, anunciar que Jesus está vivo, que é o Senhor da vida e do amor, o Salvador e Redentor.

No dia solene da Ascensão, antes de subir ao céu, diz a seus discípulos: «ide por todo o mundo, baptizai e fazei discípulos». É o grande envio, a missão tomada em plenitude, a grandiosa maneira de serem suas testemunhas. Nós, como eles, somos hoje enviados do Senhor. Enviados para a família, para o trabalho, para a vida social, para junto de todos e de todas, anunciar que Jesus está vivo, que está connosco, como Emanuel, como Mestre e Senhor, como Messias e Redentor, como Bom Pastor e Bom Samaritano. Dizer a todos e todas que Ele é um Deus vivo e glorioso, o amigo de todas as horas, divinamente presente na palavra, na eucaristia, nos outros, na igreja. Acalentando os nossos corações com a sua presença repleta de ternura, de amor, de bondade, de misericórdia.

Para que o mundo seja salvo e conheça a Jesus como Salvador e Redentor, para que todos O amem e O adorem, precisamos de exercer com audácia e tenacidade **o mistério do envio.**

Para que a palavra que liberta e cura e anuncia os mistérios da fé e da salvação, mistérios que nos enchem da plenitude da vida, precisamos de exercer **o mistério do envio.**

Para que todos e todas se possam abeirar da mesa da Eucaristia, onde podemos comer o Pão Vivo, alimentar-nos do Corpo e Sangue de Jesus, precisamos de exercer **o mistério do envio.**

Para que o mundo seja mais pacífico e mais justo, para que reine o amor e a fraternidade entre todos, para que haja menos fome e miséria, precisamos de exercer **o mistério do envio.**

Para que as famílias tenham mais concórdia, mais unidade, mais amor, mais pão, para que tenham condições dignas de vida, de cultura, precisamos de bem exercer **o mistério do envio.**

Para que a igreja continue a ser missionária em toda a acepção da palavra, para que todos nos sentimos enviados por Jesus Salvador e Redentor, precisamos de exercer **o mistério do envio.**

Para que haja menos desertos sem pão, sem amor, sem Deus, para que a fé cresça no coração de cada homem e de cada mulher, precisamos de bem exercer **o mistério do envio.**

A SENHORA DA EUCARISTIA

Celebrar este mês de Maio, em pleno Ano da Eucaristia, parece que nos "obriga" a olhar para Maria como a Senhora da Eucaristia, a Mãe da Eucaristia, a Senhora do Santíssimo Sacramento, a Mãe do Pão do Céu. De facto Aquele que temos no altar e que nos disse: "Tomai e comei é o meu Corpo", "Tomai e bebei é o cálice do meu Sangue", é o Filho dileto de Maria de Nazaré, é carne da sua carne e sangue do seu sangue, é o fruto bendito do ventre virginal de Maria. O Jesus que celebrou a Ceia, que morreu na Cruz e que ressuscitou no Domingo de Páscoa, é o mesmo que Maria gerou no seu seio, deu à luz no Natal, apresentou no Templo, educou, ajudou a crescer. Filho de Deus e Filho de Maria, Aquele que disse de Si mesmo "Eu sou o Pão Vivo descido do Céu"; "Quem come a minha Carne e bebe o meu Sangue, permanece em Mim e Eu nele", nasceu de Maria Santíssima. Neste sentido podemos afirmar que a Eucaristia é dom de Maria, é dádiva da Mãe da Eucaristia.

A Sagrada Escritura e a Tradição da vida e da fé da Igreja, não apresentam em nenhum texto nem em tradição oral, que Maria estivesse no Cenáculo, na instituição da Eucaristia. Por outro lado sabemos que Nossa Senhora esteve presente na comunidade primitiva e viveu com os apóstolos e os discípulos que, segundo os Actos dos Apóstolos, se reuniam para celebrar a Eucaristia, a que chamavam "a fração do pão". Podemos supor, imaginar, que Maria Santíssima participou muitas vezes na "fração do pão". E se participou, faz-nos bem pensar com que sentimentos, com que amor, com que fé, com que devoção, com que oração, Maria teria participado na Eucaristia. E se Ela comungou, se recebeu seu Filho bem-amado na Eucaristia, fechou-se o círculo, ou seja, voltou a Maria, Aquele que Ela gerou pelo poder do Espírito Santo, Aquele que d'Ela saiu, no parto virginal, no presépio de Belém.

É pedagógico, quer numa dimensão espiritual quer numa dimensão pastoral, pensarmos que o acto sagrado que se renova no altar, a Ceia, é atualização do mistério pascal, ou seja, é presença da morte e da ressurreição de Jesus. Ora essa morte, esse sacrifício redentor, no alto da cruz, é o momento máximo do amor de Jesus ao Pai e aos homens, é o momento máximo da sua entrega e do seu sacrifício, da sua plena obediência. E é importante pensar que esse momento de Jesus correspondeu ao "sim", ao "fiat" pleno de Nossa Senhora. Foi junto à cruz que Ela oferece o Filho e Se oferece com Ele, que renova o seu "sim" dum modo mais pleno e mais amoroso. E tudo isso, em mistério de amor realizado pelo Espírito Santo, está presente em cada Eucaristia. É por todas estas razões que o Papa João Paulo II escreveu na encíclica "A Eucaristia, vida da Igreja": "Existe pois uma profunda analogia entre o *fiat* pronunciado por Maria, em resposta ao Anjo, e o *amém* que cada fiel pronuncia quando recebe o Corpo do Senhor" (55). Ou quando afirma: "No mistério da Visitação, quando leva no seu ventre o Verbo encarnado, de certo modo ela serve de "sacrário" - o primeiro "sacrário" da história - , para o Filho de Deus..."(55). E o Papa pergunta: "O olhar extasiado de Maria, quando contemplava o rosto de Cristo recém-nascido e O estreitava nos seus braços, não é porventura o modelo inatingível de amor em que se devem inspirar as nossas comunhões eucarísticas?" (55). Maria é modelo das nossas comunhões e das nossas adorações. O seu Magnificat é modelo do nosso.

Senhora da Eucaristia, faz-nos amar o sacramento do amor pascal, a Ceia Santíssima, como aquilo que é mais essencial na nossa vida cristã, o centro e a fonte da nossa santidade e de toda a vida da Igreja.

Senhora da Eucaristia, dá-nos a graça de comungar com disposições semelhantes às tuas, de contemplar Jesus Eucaristia, ao jeito do teu olhar e da tua contemplação amorosa e repleta de fé.

Senhora da Eucaristia, faz-nos viver centrados no sacramento do amor, faz que a nossa vida se torne uma Eucaristia viva, faz que a celebremos com amor e devoção, faz-nos homens e mulheres de Eucaristia.

Senhora da Eucaristia, ajuda-nos a levar o pensamento e o coração ao sacrário, qual polo de atracção, que nos galvanize e nos dê sede de amar Jesus, de estar, com Ele, de Lhe fazer companhia.

Senhora da Eucaristia, faz que a Igreja descubra cada vez mais e sem cessar as riquezas insondáveis da Ceia de Jesus teu Filho, aprenda com essa "escola de caridade" a servir e a amar.

Senhora da Eucaristia, Mãe do Pão do Céu, Senhora do Santíssimo Sacramento, faz-nos desenvolver o culto eucarístico fora da celebração, para estarmos mais unidos a Jesus em atitude de reparação e de desagravo.

Senhora da Eucaristia, dá-nos fome do Pão do Céu, dá-nos essa sede mística de Jesus teu Filho, para que vivamos n'Ele e com Ele, em intimidade de amor eucarístico, em festa de amor alegre e jubiloso

OS TEMPOS NÃO VÃO BEM

Várias situações que se vivem no nosso país levam-nos a pensar que os tempos não vão bem, que as pessoas vivem circunstâncias difíceis, que estamos em época de crise de valores, que aumenta o desemprego, que os ricos são cada vez mais ricos e os pobres cada vez mais pobres, que parece haver um ataque sistemático à família e aos seus grandes valores, que se gera um mal estar que parece chegar à vida e ao coração de muitos. Não nos pode faltar o optimismo, a esperança, a certeza que Deus vela por nós. Não podemos fechar os olhos a tanta coisa boa que existe por aí, mas o certo é que as forças do mal, vindas de muitos sectores, vão fazendo estragos e criando uma grande apreensão.

Começa tudo pelo ataque à vida humana, ainda no seio da mãe. Um jornalista, pouco conhecedor da ciência ou movido por má fé, escrevia num dos nossos jornais que uma criança no seio da mãe, era vida, tanto como uma pedra ou uma couve. Que asneira crassa, que atentado à vida, esse dom inviolável dado pelo Criador. E daí nasce o discurso que o aborto não é algo de mal, que deve ser defendido, que devem haver leis para proteger quem o faz. Ora matar é matar. E o aborto é um crime abominável. Ninguém, nem a mãe, tem direito a matar a criança, pois é uma vida que está dentro do seu ventre. O argumento que a mulher é dona do seu corpo é maldoso e falso, pois ela não é dona da criança, que é seu filho e que traz dentro de si mesma. Matá-lo é crime abominável. A criança é pessoa, tem a sua dignidade e os seus direitos. E o primeiro direito é o direito à vida. Ninguém a pode matar, ou provocar contra ela violência maldosa e criminosa.

Outra guerra, que pode parecer que não tem a sua importância, é a campanha lançada contra os crucifixos nas escolas. Estão lá tão bem, não fazem mal a ninguém. Quem não quiser olhar para eles ou rezar diante deles que não o faça, mas não os tirem de onde estão e não os mandem para o lixo. Quem nos garante que os que defendem que se retirem os crucifixos das escolas, por estarem contra a laicidade do estado, não defenderão em breve que se arranquem os cruzeiros espalhados por Portugal inteiro, alguns verdadeiras obras de arte com vários séculos? E quem nos garante que esses mesmos não se lancem contra a estátua de Cristo Rei que o povo português construiu com esforço e amor e queira dar cabo dela? E quem nos garante que não proíbam as procissões nas ruas, como um atentado à laicidade? Eles nadam de má fé e querem lançar-se contra nós e contra tudo o que é valor humano e cristão. Cuidado com eles. Não nos deixemos enganar. Não tenhamos medo da denúncia profética.

Outro sector de luta é o problema grave da educação sexual nas escolas. Os programas, segundo um cientista americano, que deu há pouco uma entrevista num dos nossos jornais semanais, são destruidores dos grandes valores humanos, éticos. Ele, com as suas experiências na América, sente-se hoje culpado de ter feito nascer o "monstro", mas pede-nos que o ajudemos a matá-lo, a dar cabo dele, antes que ele dê cabo da vida, da inocência, da dignidade das nossas crianças e adolescentes. Não é algo que se possa descurar. Os pais, as associações de pais, os professores que ainda têm valores morais, devem opor-se e lutar contra esse modo subtil, de através dessa depravada educação sexual, nos dêem cabo das nossas crianças e dos nossos adolescentes. Saibamos lutar pelos grandes valores morais, pela dignidade e pela inocência, pela vida e pela justiça. As crianças, na sua beleza e no seu encanto, na inocência de seus espíritos e de seus corações merecem, têm direito ao nosso respeito. Ajudemos a matar o "monstro". Não nos calemos, não cruzemos os braços.

Mas há, graças a Deus, grandes e maravilhosos sinais de esperança. Antes de mais o Encontro Mundial da Juventude, em Colónia, com a presença do Papa Bento XVI, onde milhares de jovens vão rezar e escutar a Palavra de Jesus, com o desejo de O adorar, já que é esse o tema do Encontro e dispõem-se a ouvir Jesus e a fazer d'Ele o tesouro das suas vidas. Outro motivo de esperança é o Congresso da Nova Evangelização em Lisboa, que juntará muitos milhares de pessoas, vindos, alguns, de outros países da Europa. A Nova Evangelização dá os seus passos e parece que o Senhor é mais conhecido e amado numa descoberta incessante de Jesus Fonte de Vida. Outro sinal de esperança é a passagem pelas nossas dioceses das relíquias de Santa Teresinha do Menino Jesus. Passagem que vai ser fonte de graça, de bálsamo, talvez de conversões, sem dúvida de desejos sinceros de mudança e, quem sabe, de ressurgimento de novas vocações. Ainda outro sinal de muita esperança é o rasto tão positivo do Ano da Eucaristia nas nossas paróquias, movimentos, comunidades religiosas. Fica-nos um sopro de divino que nos vai fazer muito bem, a partir de muitas e belas iniciativas, pois todos estamos convencidos que o Ano da Eucaristia não acaba mais, vai perdurar na intensidade de vida de índole eucarística. Que graça tão grande para a Igreja e para o mundo.

ORAÇÃO FEITA APOSTOLADO

Outubro, mês das missões, do apostolado missionário. No primeiro dia, celebramos Santa Teresinha, cujas relíquias virão estar nas diversas dioceses de Portugal, como padroeira das Missões. Mas ela foi monja de convento, contemplativa de clausura. Por isso é, agora, também modelo e padroeira do Apostolado da Oração. Afinal, dois apostolados que se unem. A oração também é apostólica, também é missionária. Rezar pelos outros já é um grande apostolado. Rezar pela paz, rezar pelas vocações, rezar pelas vítimas da fome e da guerra, rezar pelos jovens e pelos idosos, rezar pela nossa paróquia, nossa diocese, pela Igreja universal, rezar pelo mundo sem pão, sem amor, sem Deus, rezar pelos agonizantes e moribundos, é um extraordinário e fecundo apostolado. É a oração feita missão, feita apostolado. A oração, alma de todo o apostolado. A oração que fecunda e dá vida a todo o apostolado. Oração feita vida de graça, oração que atrai bênçãos e alcança milagres. Oração que vivifica a vida, os sacramentos, o dinamismo apostólico. Oração que nos liberta da heresia da acção.

Entre nós, alguns bispos, muitos padres, muitos zeladores e muitas zeladoras do Apostolado da Oração vão tendo cada vez mais gosto e encanto por este grande serviço à Igreja. Em muitas paróquias, vai-se caminhando numa renovação do Apostolado da Oração. Renasce a vida e a esperança. Pena é que nem todos partilhem desta certeza e das grandes convicções. O Apostolado da Oração é uma grande família de orantes, vários milhões no mundo que, cada dia, oferecem com Cristo, na Eucaristia, as suas vidas e se unem em oração pelas grandes intenções que o Papa escolheu para esse mês. Que força admirável, que apostolado tão fácil e tão fecundo, que graça contribuir para a fecundidade desta «família de orantes». Precisamos todos: bispos, sacerdotes, religiosos e religiosas, consagrados no mundo, leigos e leigas comprometidos com o mundo e a viver nele, de caminhar mais na certeza de que a oração é o grande apostolado. É o único possível a todos e a todas. Ninguém se deve sentir excluído desta missão: rezar pelo mundo em comunhão com o Papa. Que força admirável, a oração destes milhões de cristãos espalhados pelo mundo!!! Daí a necessidade de revitalizar os Centros do Apostolado da Oração, daí a necessidade de renovar o quadro dos zeladores e zeladoras, daí a necessidade do aumento do número de associados comprometidos, daí a necessidade dum empenho cada vez maior dos Directores Diocesanos e do Secretário Nacional do Apostolado da Oração. Daí a necessidade do acolhimento paternal e do incentivo dos pastores, bispos e sacerdotes. Os leigos pedem-no, precisam dele. É que o Apostolado da Oração não é velharia de antigamente. É algo absolutamente moderno, actual, como é actual a oração e o apostolado.

Como estaria a vitalidade das nossas paróquias e dioceses se este apostolado da oração estivesse mais activo e mais fecundo! Como frutificaria a pastoral vocacional e como teríamos mais vocações! Como andariam mais organizados e mais activos, mais renovados e mais empenhados tantos movimentos apostólicos! Como seriam mais acompanhados os doentes, sobretudo os agonizantes e moribundos! Como se conseguiria que as famílias fossem «igrejas domésticas» em oração! Como os sacerdotes se sentiriam mais ajudados e apoiados! Como se criaria em todos um sentido de Igreja e de comunhão com o Papa! Como se intensificaria o culto eucarístico e a devoção ao Coração de Jesus Cristo, Salvador e Redentor! Como se estaria mais atento às necessidades dos irmãos, através da rede de associados e associadas, pois estão no meio da massa, no meio do mundo que necessita de ser evangelizado! Como teríamos, através da oração feita apostolado, um novo dinamismo, um compromisso novo, uma seiva nova, uma fecundidade encantadora da vida cristã!

Será bom recordar algumas palavras de vários Papas acerca do Apostolado da Oração. Bento XV afirmou: «**Recomendamos ardentemente o Apostolado da Oração a todos os fiéis sem excepção, desejando que ninguém deixe de se alistar nele**». Anos mais tarde, Pio XI escreveu: «**Este Apostolado da Oração é fácil, e entre os géneros de apostolado é o único possível a toda a gente, e por conseguinte, obrigatório, de modo que todos os cristãos deveriam pertencer ao Apostolado da Oração**». Paulo VI, já depois do Concílio, afirmou: «**O Apostolado da Oração é forma excelente e genuína da verdadeira piedade centrada em Cristo, tal como exige o Concílio Vaticano II**». Já mais perto de nós, o Papa João Paulo II afirmou a um grupo de peregrinos do Apostolado da Oração: «**Abençoo-vos e agradeço-vos, pois a difusão do espírito do Apostolado da Oração e o vossa afã de fazer conhecer e amar o Coração de Jesus, são hoje, mais do que nunca, preciosos para a Igreja. E são de particular agrado do Papa**». Mais tarde, já em 1985, ao grupo dos Secretários Nacionais do Apostolado da Oração, disse estas palavras: «**Coloco esta Associação universal nas vossas mãos, como um tesouro precioso do coração do Papa e do Coração de Cristo**».

O PRECIOSO DOM DA VIDA

O mês de Novembro, pelas celebrações que invocamos e pelos temas que reflectimos, pelas intenções que rezamos e pelas festas que nos alegram o coração, é, de verdade um mês dedicado à vida, ao valor da vida. Os Santos, que celebramos no dia 1, foram os heróis não só da fé mas da vida, pois souberam viver com amor e intensidade cristã, este dom precioso que o Criador concedeu a cada homem e a cada mulher. Os Santos assumiram a vida com toda a grandeza e radicalidade humana e evangélica, e souberam vivê-la com a tenacidade e a generosidade própria de quem sabe que a vida é um dom precioso e que deve ser tomada e vivida a sério. Não é só na sua dimensão espiritual e orante, sacramental ou pastoral, que os Santos foram grandes. È na expressão mais eloquente da sua humanidade, naquilo que o homem e a mulher têm de semelhante ao Deus Criador, naquilo que faz que se viva um verdadeiro humanismo. O apreço pelas suas vidas, foi levado pelos Santos muito a sério. Souberam jogá-las pelo Senhor e pelos irmãos, respeitaram a sua vida e a dos outros, tantas vezes se dedicaram a salvar a vida do próximo e a trabalhar para ele com toda a audácia e tenacidade. Podemos dizes que os Santos foram uns apaixonados pela vida, como dom, e, por isso viveram a sua intensamente e maravilhosamente, como se dedicaram de alma e coração a ajudar, a salvar a vida dos outros, são só movidos por uma filantropia humana, mas impulsionados pela caridade, como virtude teológica. Por isso o seu pensamento, o seu coração, as suas obras estavam sempre centradas nos outros, sempre cuidando do pobre, do marginal, do infeliz, do injustiçado, do que passava fome ou sede, do que não tina casa ou família, de todos os que tinham uma vida menos sã e menos digna. Era aí que estava o coração dos Santos e as suas vidas e actividades. A vida era sempre um valor inestimável, algo precioso, a ser defendido, a ser guardado, a ser cuidado com carinho, dedicação e zelo. Os Santos dedicaram-se sempre a viver e promulgar, a defender a fazer crescer a "cultura da vida", o amor à vida, o respeito pela vida. Foram os grandes benfeitores da humanidade, pela defesa da vida, por criarem condições de vida mais dignas, por saberem apreciar o dom que é a vida de cada pessoa.

Hoje, em muitas partes do mundo, no seio duma sociedade sem grandes valores, duma sociedade que tantas vezes não tem atenção, nem respeito, nem amor pela vida, onde há tanto crime, tanto ódio, tanta vingança, tanta injustiça, tanta fome, tanta depravação moral, hoje, onde em muitos países se cultiva a "cultura da morte" é urgente gritar bem alto o valor da vida humana. Ninguém tem o direito de matar. Daí o crime do aborto, o crime do terrorismo, o crime da eutanásia, o crime da destruição de vidas humanas, pela violência, pela injustiça, por tantos modos verdadeiramente criminosos. E o pior, o mais grave é a desfaçatez com que se arranjam argumentos que justifiquem matar, verdadeiros sofismas, medonhos e criminosos, que querem justificar a morte de inocentes. Se ficamos horrorizados com os milhões de mortos da Grande Guerra, não podemos ficar menos horrorizados pelos milhões de mortes provocadas pelo aborto, pela fome, pelo terrorismo, pela violência déspota. Matar é matar, e é sempre um mal, um crime, um dano horrível para a vida dos outros. Ninguém tem o direito de o fazer movido por motivos malévolos e criminosos, por orgulho ou soberba, por violência criminosa. Precisamos de saber cuidar, com amor e muita ternura da nossa vida e da vida de cada pessoa, mesmo das crianças que ainda estão no seio de suas mães, mas que já são pessoa humana. Se é crime matar uma criança depois de nascer e deitá-la para a lixeira embrulhada num saco de plástico, não é menos crime matá-la, meses antes quando ainda está no seio de sua mãe. E a mãe não pode afirmar que é dona de seu corpo para poder matar uma vida que está dentro dela, mas que não é dela, pois é uma pessoa humana, que merece todo respeito e deve ser defendida com toda a alma e todo o coração.

Saibamos com os Santos, os heróis da vida e os benfeitores da humanidade, lutar pela "cultura da vida", não deixando que se matem inocentes. Como os Santos púnhamos sempre do lado da pessoa humana para a defender, para cuidar dela, está ela no seio da sua mãe, viva como criança ou como adolescente ou jovem, seja pessoa adulta ou já idoso, porventura doente e sem consciência. Sejamos santos a cuidar das vidas humanas, candidatos a benfeitores da humanidade, verdadeiros defensores daquilo que é mais precioso, que é um dom inviolável do Criador: a vida humana. Tratemo-la como uma flor bonita e bela, com encanto e suavidade, que merece a nossa dedicada atenção e o nosso amor fraterno. Saibamos dar vidas à vida. Saibamos colaborar com o Criador num amor desinteressado e dedicado pela vida de cada pessoa. Ajudemos a construir uma sociedade com valores humanos, que são sempre valores éticos, que serão sempre valores que querem "cultivar" a vida, o bem, a verdade, a justiça, o amor.

CELEBRAR A VIDA EM AMOR

Se é verdade que boa parte do mês de Dezembro é passado em vivência de Advento, o mais importante continua a ser a celebração do Natal, como Festa da Vida e do Amor. Temos, com pastores e magos, ir ao presépio para aprender muitas lições, para celebrar o Amor que veio até nós feito Menino, para nos abismarmos no mistério da Vida que nos foi dada, pelo nascimento do Verbo feito carne e dado à luz no Presépio.

O mundo, hoje, tão marcado com sinais e estruturas pouco cristãs, um mundo de guerra, de fome, de ódio, de negação dos direitos humanos, um mundo da cultura da morte, do aborto e da eutanásia, um mundo da exploração de menores e da violência doméstica, um mundo da injustiça e da fraude, um mundo sem valores éticos, com depravação moral e sexual, precisa de olhar para o presépio para aprender com Deus nascido caminhos de paz, de amor, de justiça, de fraternidade. Precisamos todos de ir ao presépio, com verdadeira humildade, para que o Menino nos ensine os valores da vida, da família, da verdade, da alegria de sermos irmãos. O presépio é uma escola de grandes valores humanos e cristãos, é escola de amor e de vida.

Neste Natal, quantos homens e mulheres, sobretudo quantas crianças, vão continuar sem casa, sem pão, sem amor, sem dignidade de vida. Neste Natal quantos vão passar sem o aconchego dum lar, metidos em ambiente de guerra, de ódio, de violência, a viver em campos de refugiados, em cadeias, em hospitais. Neste Natal quantos não vão ter a alegria de viver, o gosto da felicidade que lhes alegraria o coração, o pão que lhes alimentaria o estômago, um ambiente familiar pacífico e fraterno. Neste Natal, festa do amor e da vida, quanto andarão por caminhos escuros e sombrios de morte e de desamor, de desprezo pelos outros, de violência que gera violência.

Vamos todos a Belém, olhemos com coração humilde o rosto inocente e belo do Menino e aprendamos o valor da vida humana, valor tão sublime, que até Deus quis tomar a nossa carne e ter a nossa natureza humana, ser um igual a nós, excepto no pecado. Vamos a Belém, com os olhos da alma bem abertos para poder contemplar o amor, o Deus Amor feito homem, que nos quer ensinar a amar e quer fazer de nós uma família unida e muito fraterna. Vamos a Belém aprender com o Menino o que é a dignidade da pessoa e como são crimes, tantos atentados a vida, à honra, à dignidade humana. Vamos a Belém aprender o encanto que tem a humildade de Deus, a pobreza espiritual, a graça de um coração simples e despojado. O presépio tem que ser para o homem e mulher de hoje escola de muitas lições. Que não nos falte tempo e graça, para lá ir aprender o que Deus nos quer ensinar.

Quem dera que as iluminações que vão encher as nossas ruas, as montras, as árvores de Natal, etc. nos encaminhem para o Menino que é Luz do mundo, Luz que quer iluminar os corações, as inteligências, as vontades. Quem dera que as árvores de Natal nos encaminhem para Aquele que é a Vida, vida sempre viçosa, pois vida da graça e do amor formoso. Quem dera que os Meninos dos presépios nos lancem o coração e o olhar para efectivamente cuidarmos de tantos meninos e meninas que vivem na pobreza, na miséria social, sem amor, sem dignidade. Quem dera que as prendas que vamos dar e receber, nos abram o coração aos mais pobres e marginais, aos que não têm pão, casa, cultura, Deus nas suas vidas. Que o Natal seja festa do amor. Que o Natal seja festa da vida. Que o Natal nos abra o coração para viver ao jeito de Jesus de Nazaré. Que o Natal nos faça renascer por dentro para uma vida mais humana e mais cristã. Que o Natal nos lance, sem amarras, atrás de Jesus, para melhor O conhecer e amar.

Se é Jesus que faz anos, se celebramos o seu nascimento, precisamos de pensar muito a sério na prenda que Lhe queremos dar. Ele merece tudo, Ele conta com a nossa generosidade e a nossa abertura de alma e de coração. Ele no dia do seu aniversário quer uma prenda digna d'Ele, quer sobretudo que O amemos e que amemos os outros com o seu amor e à medida do seu coração. Só assim há Natal. Só assim há alegria. Só assim há verdadeiro nascimento, em nós, da vida e do amor de Deus feito Menino. Que contente que Ele ficará se, por amor d'Ele e para celebrar Natal, nascimento, aniversário natalício, formos ao encontro do pobre, do que vive só, do marginal, do que está doente, do preso, do idoso abandonado, do órfão sem carinho, da prostituta explorada, do doente da sida, do sem abrigo, etc. Que mundo imenso de gente à nossa espera. Só assim há verdadeiro Natal. Aqui nos fica um grande desafio. São estas as verdadeiras Boas Festas.

QUE TODOS SEJAM UM...

O Oitavário de Orações pela unidade dos Cristãos a celebrar de 18 a 25 de Janeiro, levou-nos não só a apresentar a capa do Mensageiro com um novo visual, mas a dar espaço na Revista a um pequeno "dossier" sobre a unidade, o ecumenismo, as lutas que geraram as divisões, os passos que se têm dado em ordem à unidade, etc. Vamos procurar ter nos Mensageiros deste ano, em cada número, um pequeno "dossier" sobre um tema. Pensamos que assim prestamos um bom serviço aos assinantes, aos leitores, às comunidades paroquiais e religiosas.

"Que todos sejam um", foi a oração de Jesus pela unidade da sua Igreja, de todos os seus discípulos. Esta oração continua a ter, infelizmente, uma grande actualidade, já que a Igreja "una" está dividida: católicos, ortodoxos, anglicanos, luteranos, e tantas outras confissões de irmãos, que têm o mesmo Pai, que receberam o mesmo baptismo, que encontram em Jesus o seu Senhor e Salvador, estão separados. Algumas separações já têm centenas de anos, com brechas muito grandes, com uma história de muitas feridas e muitas lutas. Importa, pois, rezar pela unidade. Precisamos de estar mais sensíveis ao tema da unidade e do ecumenismo, embora entre nós, ao contrário de outros países, o problema não se apresentar tão grave, nem haver tantas cisões, tantas igrejas separadas.

A unidade da Igreja tem a sua origem a comunhão trinitária, na unidade da Trindade, já que o amor gera a unidade, e na Trindade a comunhão é plena. Foi esta unidade de vida e de amor, de comunhão e fidelidade que Jesus viveu com o Pai, de quem falou tantas vezes e que colocou como modelo da nossa unidade. Por outro lado a Palavra de Deus, a Boa Nova, que congrega todos os discípulos de Cristo sejam católicos ou não, é a semente da unidade, pois é a Palavra que congrega na oração e faz crescer na fé. A Eucaristia, que muitos dos cristãos celebram, de um modo separado, é sacramento de unidade e quer gerar entre todos a unidade que Jesus tem com o Pai. Se todos comemos o mesmo Corpo é para formar um só Corpo, uma só Igreja. Por outro lado, os Doze Apóstolos chamados por Cristo e instituídos por Ele guardiões da unidade salvífica apresentam uma unidade de vida e de instituição à volta de Pedro, como cabeça e fundamento da unidade.

Esta unidade tão desejada por Jesus precisa de muita oração, para que alcance para todos a sabedoria e a humildade para vivemos em comunhão de irmãos, em unidade cada vez mais total. O caminho da oração e da reflexão em comum, pode levar a um são ecumenismo e a uma unidade mais plena. Por outro lado só esta oração será capaz de encontrar caminhos de perdão e de reconciliação mútuas, que vão alicerçar uma vida mais unida e mais coesa. O orgulho, a soberba geram tensões, separações que só a humildade, alcançada pela oração e pela conversão, conseguirá diluir para formamos todos, um só Corpo. A seiva divina que realiza a unidade entre todos será sempre a caridade fraterna, que une, que gera comunhão, que derruba obstáculos, que quebra tensões e separações.

O mundo precisa do testemunho da unidade dos cristãos. Aliás o próprio Jesus nos disse: "Que todos sejam um para que o mundo acredite". Não só a crise de secularização da Europa, mas as grandes questões do mundo, desde a globalização ao terrorismo, deste a cultura de morte à degradação moral, à falta de valores humanos e éticos, criam uma urgência de maior e mais sólida unidade. Todos, unidos, seremos ainda poucos para ajudar o mundo a crescer na justiça e na fraternidade, na paz e na concórdia. Todos, unidos, seremos ainda poucos para ajudar a crescer para Deus e a descobrir Jesus como Salvador. Todos, unidos, seremos ainda poucos para ajudar a humanidade a trilhar caminhos de verdade, de bem, de amor, de dignidade. A alma do mundo está doente e, por isso, é mais urgente a unidade dos cristãos para ajudar a curar a alma do mundo, ajudar a crescer toda a humanidade para fazer uma família unida, na partilha de bens, na luta contra a fome, na construção da civilização do amor. O escândalo da divisão não ajudará a salvar o mundo e a fazê-lo mais justo e mais fraterno, com menos ódios, menos guerras, menos violência, menos tensões, menos crimes, menos desemprego, menos sofrimento. A unidade dos cristãos será um bálsamo para o mundo, uma graça para a humanidade, um caminho de renovação e de vida nova, um fermento de transformação dos corações dos homens, um elo forte para a unidade das outras religiões, para um diálogo frutuoso para o bem do próprio homem. Como seria a Igreja e o mundo, se a unidade se tornasse uma bela e extraordinária realidade.

CONSAGRADOS PARA AMAR

Dia 2 de Fevereiro, celebração da Solenidade da Apresentação de Jesus no Templo, festa da oferta, da consagração do Filho, do Menino ao Pai, é o dia dedicado aos Consagrados, àqueles e àquelas, que se consagraram a Deus pela profissão dos conselhos evangelhos, pelos votos de castidade, de pobreza e obediência. Um mosaico maravilhoso, muito variado, de carismas e espiritualidades, de famílias de religiosos e religiosas, de leigos consagrados. Ordens, Congregações, Sociedades de Vida apostólica, Institutos Seculares, onde milhares de homens e mulheres, vivem o dom de si mesmo, através dos votos, para amar mais e tentar servir melhor, com coração mais universal, com o desejo de estar onde os homens e mulheres mais necessitam deles, onde houver um bem mais universal a realizar, o maior serviço, onde a glória de Deus precise de mais colaboradores, onde a humanidade necessite de mais servidores.

Na vida contemplativa, onde o silêncio e o recolhimento ajudam ao dom em oração e em contemplação, rezando pelo mundo, na vida activa em múltiplas actividades, dentro da missão e do carisma de cada um, os consagrados procuram incarnar o Evangelho, procuram ser um Evangelho vivo para os homens de hoje. Consagrados para amar, vivem o dom de si mesmo num desejo de maior entrega, para que o mundo tenha vida e a tenha em abundância. Dando glória a Deus e servindo os irmãos, vivendo em castidade, pobreza e obediência, para libertos, poderem amar mais e melhor, os consagrados, desejam ser no mundo, fermento duma vida nova, para enriquecimento de toda a Igreja e de toda a humanidade.

Pelo voto de castidade aderem a Cristo, casto e virgem, desejam imitá-Lo para que os seus corações estejam mais libertos para um amor mais universal. Se não constituem família não é por desprezo do matrimónio, mas porque se querem dar, a Jesus e aos irmãos, com um coração indiviso, par amar mais e melhor. Pelo voto de pobreza, querem imitar o estilo de vida de Jesus de Nazaré, que nasceu pobre, viveu pobre e morreu pobre, e assim viverem mais libertos das coisas mundanas para melhor servirem e amarem a Deus aos irmãos. Pelo voto de obediência desejam imitar Aquele que foi obediente até à morte e morte de Cruz, entregam a sua vontade e a sua liberdade, como dom de si mesmos, para, em obediência, poderem servir mais e melhor. Os votos, que implicam renúncia, são vividos como uma preferência amorosa por Jesus e pelos irmãos, no desejo incessante de se identificarem com Ele, para glorificar o Pai e para amar os irmãos. E neste caminho evangélico encontram a realização das suas vidas, a alegria no dom e na entrega, a felicidade que nasce no coração daqueles que amam ao jeito de Jesus de Nazaré.

A consagração pelos votos liberta aqueles que os fazem para poderem amar e servir, para serem enviados em missão, para viverem onde a vontade de Deus os coloca. Libertos, pelo dom de si mesmos, vivem o encanto duma vida em que já não são de si mesmo, mas de Deus e dos outros. Os votos apresentam-se assim como caminho duma liberdade que o mundo, com tantas amarras, alienações e apegos, desconhece. E essa liberdade é caminho de felicidade. Quanto mais despojados de si e das coisas, mais felizes. Por isso podemos afirmar que os consagrados tenta viver a alegria das bem-aventuranças, que nos afirmam que sendo castos, pobres e obedientes, são mais felizes e encontram o seu caminho de realização pessoal. Castos mas alegres, pobres mas alegres, obedientes mas alegres. Alegria interior que o Espírito concede àqueles e àquelas que optam pela morte a si mesmos para se darem e viverem o amor e o serviço de Deus e dos irmãos. A tristeza dum consagrado ou duma consagrada seria um anti-testemunho marcante, pois seria contradizer o vector feliz e alegre das suas vidas, dadas sem medida, já que Deus ama e abençoa, dum modo particular e com inefável dom de alegria, os que, esquecendo-se de si mesmos, amam sem medida.

Que a Festa dos consagrados, na Solenidade da Apresentação do Menino do Templo, possam ajudar o Povo de Deus a descobrir o encanto da vida consagrada, a estimá-la, a cuidar dela como um tesouro. Que esta Festa possa despertar nos jovens, rapazes e raparigas, o desejo de se entregarem a Deus através dos votos de castidade, pobreza e obediência. Que o sentido da vida consagrada, como modo de viver o Evangelho, possa ser compreendido pelos homens e mulheres de hoje, que privilegiam o ter, o aparecer, o poder, que não compreendem o sentido da consagração, nem o valor da castidade, da pobreza e da obediência. E que todos os consagrados ao viverem esta Festa, renovando a sua entrega, se sintam mais comprometidos e empenhados na vivência do amor casto, pobre e obediente, que liberta, que gera felicidade, que é dom de amor a Deus e aos irmãos.

O DESERTO DA QUARESMA

A liturgia da Quaresma começa colocando-nos Jesus no deserto em oração e em jejum. Deserto que a capa do Mensageiro deste mês representa e que é convite ao lugar do silêncio, do recolhimento, da escuta de Deus, da atenção amorosa à Palavra, que é lugar de solidão, de interpelação, de exame de consciência, que é lugar de encontro connosco, com os outros, com Deus, na reflexão interior e no desejo sincero de conversão. O Povo eleito também atravessou o deserto para chegar à Terra Prometida, para entrar na posse da Terra que jorra leite e mel. O deserto não é um fim em si mesmo, mas um meio que nos ajuda a entrar no mistério pascal de Jesus, a viver o seu amor pascal, que para nós é verdadeiro leite e mel. Deserto, pois, com sentido de Páscoa, sempre florida, pelo poder glorioso e jubiloso da Ressurreição.

Precisamos de deserto pois há em nós e no mundo o mistério do pecado nas suas diversas formas, o mistério da iniquidade nos seus diversos matizes, que vão fazendo de nós e do mundo, lugar de negação ao amor apaixonado de Deus, lugar de desobediência, lugar de negação daquilo mesmo que nos salva: o amor de Deus nas nossas vidas. E esse pecado exige um esforço de conversão pessoal e comunitária, familiar e paroquial, par podermos chegar cm coração purificado à Páscoa do Senhor. Precisamos de deserto pois sem ele, dificilmente nos abrimos ao amor que salva e liberta, temos mais dificuldade em escutar a Palavra que converte e transforma. Precisamos de deserto, pois só nele nos damos conta do nosso pecado e da necessidade urgente de conversão, de mudança radical, de verdadeira metanóia

O reboliço do mundo hodierno, a azáfama do quotidiano, a invasão do consumismo, dos meios de comunicação, a falta de tempo ou de gosto para ler, reflectir, rezar, impedem-nos a escuta amorosa do Senhor que nos segreda sempre caminhos de mudança e de conversão. Somos tantas vezes surdos aos seus apelos, mas Ele continua, movido pelo seu amor, a dizer-nos: "Se ouvirdes a voz do Senhor, não fecheis o vosso coração". E diz-nos também que está à porta e bate para que abrindo a porta do nosso ser, do nosso coração, da nossa vida, da nossa casa, O deixemos entrar, mesmo sabendo que Ele vem para nos questionar, nos exigir conversão, nos interpelar, nos convidar a uma vida mais santa e mais evangélica.

É contando sempre com a misericórdia do Senhor, que Se apresenta como Pai de filhos pecadores, como Bom Pastor que busca a ovelha perdida, como Bom Samaritano que quer curar as nossa feridas, que nos dispomos a acolher o amor que liberta e que salva. É contemplando o Coração misericordioso, debruçado sobre a nossa miséria e sobre a miséria do mundo, que nos queremos abrir, à ternura e ao carinho de Deus, que não só perdoa mas Se alegra em perdoar. É mergulhados no Sangue de Jesus Cristo, que tem piedade de nós, que nos cura e nos cristifica, nos converte e nos diviniza, que devemos caminhar ao encontro do seu amor e do seu Coração, que o solado vai abrir, com a lança, na tarde de Sexta-Feira Santa e que nos aparece aberto no seu corpo ressuscitado, convidando a beber das fontes da salvação e a encontrar nesse Coração a paz, a força, o refúgio, a repouso, as contínuas torrentes de misericórdia e de graça.

Convidando-nos ao deserto quaresmal o Senhor convida-nos a uma oração mais comprometida e que ajude a converter o coração, convida-nos a uma penitência que seja ajuda para nos libertarmos do pecado e mal, convida-nos a uma caridade mais intensa, amando e servindo os nosso irmãos. É no deserto, recolhidos em Deus e com Deus, que vamos tecendo a nossa mudança, abrindo o nosso ser ao Espírito, que faz novas todas as coisas. É na lenta e às vezes dolorosa caminhada de deserto, como o Povo eleito e como Jesus penitente e orante, que o dom da graça se faz em nós espírito e vida, pronuncio duma ressurreição, duma passagem do pecado à graça, das trevas à luz, do egoísmo ao amor, do comodismo ao serviço, da tibieza ao dinamismo fervoroso, do orgulho à humildade. E assim, com o sopro divino, vamos preparando a Páscoa, vamos caminhando para a terra da promissão, vamos abrindo o coração ao amor apaixonado de Deus que nos quer fazer criaturas novas, que nos quer ressuscitados com Jesus, que nos quer a celebrar verdadeira passagem, que só o coração convertido pelo amor misericordioso, conseguirá realizar

Que não morra a esperança pois a Páscoa é sinal de vitória, de luz, de posse do divino, de alegria, de graça que nos renova. Que a travessia do deserto quaresmal, caminhada com sabor a Páscoa, nos desperte para viver mais com Cristo, por Cristo, em Cristo. Já se vislumbram as flores a quererem desabrochar, símbolo dos hinos de glória, dos aleluias pascais que somos convidados a viver e a cantar Continuemos com entusiasmo a caminhada de conversão pois a felicidade que nos espera é o gozo pleno do Ressuscitado.

AS FLORES DA PÁSCOA

As belas flores da capa, querem chamar a nossa para a riqueza sempre florida da Páscoa, pelos dons inefáveis da Ressurreição de Jesus. Esta é riqueza infinita de graças, quais flores que nos fazem extasiar perante os mistérios do amor. Tudo na Páscoa, na passagem, se torna "novo", pela vitória da Ressurreição. Tudo se apresenta com a novidade de Jesus glorioso e ressuscitado, tudo são matizes, como as cores das flores, dessa maravilhosa e divina acção, que foi a Ressurreição de Jesus. E tudo, com sua riqueza cristã e sua novidade divina, nos vem da manhã de Páscoa.

A primeira maravilha é o próprio Jesus, que foi condenado e morto, mas que agora está Vivo. É Ele o nosso encanto, o nosso tesouro, a nossa pérola preciosa, o nosso Redentor, a nossa Vida, a fonte da paz e da alegria pascais. E foi num jardim, que Madalena o descobriu disfarçado de jardineiro. O pecado primeiro tinha sido num jardim, o Éden, onde o primeiro Adão pecou. A vitória sobre esse pecado é dada a conhecer num jardim, onde o Ressuscitado aparece a Maria Madalena. Ele é, de verdade, a grande riqueza da Páscoa. Tê-lo Vivo e Glorioso, é a nossa salvação, é a graça por excelência da nossa vida. Ele é jardineiro e é flor pascal, é ternura de Ressuscitado tornado presença amorosa e actuante. Viva a Páscoa florida com Jesus, o mais belo dos filhos dos homens.

Outra maravilha pascal, outra flor do jardim da Páscoa, é a revelação do Pai. Ele disse a Madalena: "Ainda não subi para meu Pai e vosso Pai". E com renovado encanto chama "irmãos" aos apóstolos reunidos no Cenáculo, aqueles homens rudes, tristes, medrosos, pouco inteligentes, sem audácia, sem fé na Ressurreição. Mas são os seus queridos e amados "irmãos". Seu Pai é, doravante o Pai deles e de todos nós. Que bela flor da Páscoa. Que folar tão delicioso. O Pai de Jesus é o nosso "Abba- Paizinho", o Deus da ternura, da festa, da divina compaixão, da misericórdia sem limites. Por isso nos alegramos na vida pascal que Jesus nos dá, pois é contínuo jardim florido, com muitos matizes e muitos odores de diversos perfumes. Por isso a Páscoa nos faz cantar aleluias. Deus é nosso Pai. Viva a Páscoa florida, do amor do Pai que ressuscita o Filho e no-Lo dá Vivo e Glorioso. Que maravilha ter tal Irmão.

Foi no Domingo de Páscoa que Jesus concedeu aos Apóstolos o primeiro sopro do Espírito Santo e os enviou em missão. Quem não descobre neste dom do Espírito, o primeiro dom de Jesus Ressuscitado, outra maravilhosa flor pascal? E esse Espírito que é graça, força, vida, santidade, continua a agir em nós e na Igreja e a ter presente, Vivo e Glorioso, o Jesus de Nazaré. E esse Espírito, que é envio e missão, está em nós para nos enviar a realizar a obra de Jesus, a sermos seus testemunhos, a tornar presente a Páscoa, a sua alegria, o seu suave perfume. Viva a Páscoa florida, pela presença contínua do Espírito Santo, verdadeiro Paráclito, Espírito e Verdade, Espírito de Vida, Espírito que é amor. E não é o amor a mais bela flor pascal? E amar não é semear a vida dos outros de flores bonitas e encantadoras?

E a Páscoa, tal qual nos descrevem os Evangelhos, é o dia do poder de perdoar, do dom, aos Apóstolos, de poderem perdoar os pecados. Tinha que ser assim. A Páscoa é ternura e misericórdia, de um Jesus que morreu para ressuscitar e nos dar a sua vida. Só com o seu perdão, só com a sua misericórdia, só com a celebração festiva do sacramento da Reconciliação, encontramos a paz e alegria pascais, vivemos o suave perfume da misericórdia, o bálsamo que nos fortalece, a acção curativa e medicinal do amor. Viva a Páscoa florida em amor de misericórdia, pela acção medicinal do Espírito que não só perdoa mas cura. Que maravilha o dom precioso da misericórdia. Como ele exala um perfume inebriante.

Não podemos esquecer que a Páscoa coloca diante de nós, o Coração aberto do Ressuscitado e o convite a S. Tomé: "Mete a tua mão no meu lado". Deus que é amor, que não é se não amor, é um Deus que tem coração, que é coração aberto e rasgado, para derramar sobre nós os perfumes divinos da graça, da santidade, da força, da alegria, do perdão, da comunhão íntima com Jesus. A Páscoa é a revelação de que Jesus nos convida a entrar em seu Coração, para encontrar aí, refúgio e repouso, divina graça e consolação, fortaleza e amparo, bálsamo na dor e na tribulação. Como nos sentimos felizes, inebriados ao encontrar o nosso Deus com o Coração sempre aberto e sempre disposto a acolher-nos!!! Como é divina consolação, perfume divino, esse amor do Coração do Redentor, que nos quer incendiar em seu fogo divino!!!. Viva a Páscoa que nos faz o convite para celebrar o amor do Coração do Ressuscitado, e entrarmos com Ele em núpcias eternas, em união de amor, gozando sem cessar os suaves odores da Páscoa florida.

O MISTERIOSO PODER DA ORAÇÃO

A foto da capa do Mensageiro deste mês, uma pequena multidão a rezar em Taizé, assim como o pequeno "dossier" sobre o tema da oração, são consequência do compromisso que o Apostolado da Oração, o Secretário Nacional e os Directores Diocesanos, quisemos assumir este ano: um ano dedicado a tema da oração. Assim têm sido os encontros diocesanos, assim foi o Retiro Nacional em Fátima. Descobrir que a oração é, por si mesma, um apostolado. Rezar pelos outros e com os outros já é uma maneira iminente de ser apostólico. Pela maioria das pessoas, o que podemos fazer, o melhor que lhes podemos dar é a oração. Oração que se torna intercessão, que se faz cada vez mais universal, que nos alarga o coração à dimensão do mundo. A oração tem a sua grandiosa fecundidade. A oração e a alma de todo o apostolado. Sem oração, que nos une a Deus, a fonte da vida e do amor, e que nos compromete com os homens, tudo se torna infecundo, superficial, "heresia da acção", activismo que nos desintegra, manobra do tentador que não nos quer deixar ir à fonte da vida, da santidade, da paz, da graça, da felicidade. Fazemos muitas coisas mas não há profundidade, não há fecundidade, não somos para os outros vida e vida em abundância. Quando nos convenceremos que somos grandes de joelhos e com o coração mergulhado em Deus? Precisamos de rezar mais e de rezar melhor. Fazer da vida toda uma oração. Andar unido e mergulhado em Deus ao longo do dia. Fazer da nossa casa, do nosso automóvel, do lugar onde trabalhamos, verdadeiro santuário onde, com muita frequência, nos encontramos com Deus.

O poder da oração, que alcança milagres, que é a "força que vence a Deus", quando feita com humildade, perseverança, abandono confiante, quando intensificada ao longo do dia, parece não ter entrado nas grandes certezas da vida de muitos cristãos, como não parece ser desafio escaldante da nossa existência. Não estamos convencidos da sua necessidade, não nos dispomos a dar a Deus mais tempo e mais qualidade de oração. E depois não há "milagres", de paz, de conversões, de mais vocações, de famílias unidas, de paróquias fecundas, etc. É que os grandes milagres da oração são espirituais, interiores, de alma e de coração. É aí que o poder da oração, que é graça e conversão, age dum modo divino. Como nós próprios e os outros seríamos diferentes se acreditássemos no poder da oração e nos determinássemos a fazê-la a sério e com mais frequência! Tudo se iria transformando e assumindo novo vigor. Haveria verdadeiros milagres de graças. Não é verdade que Jesus é verdadeiro mestre e modelo de oração, que Ele próprio rezava sem cessar? Não é verdade que na escola de Maria, a Virgem dada à oração, aprendemos a rezar mais e melhor? Que não nos falta audácia, ousadia, determinação. A oração tem de fazer parte da nossa vida como o ar que respiramos.

Precisamos de ter uma pedagogia de oração, na catequese, nos grupos apostólicos, na vida orante da paróquia. Precisamos de colocar as famílias a rezar e as paróquias a serem espaços vivos de oração pessoal e comunitária. Precisamos do Apostolado da Oração, que deve ser motor de muita oração, em diversas modalidades, em tempos diversos, mas sempre com a dimensão de ajudar os outros a rezar. Sermos apóstolos da oração e pela oração. Sermos motores e promotores da vida de oração. Só com esta a vida de sacramentos tem vitalidade, as vocações nascerão, as famílias serão verdadeiras "igrejas domésticas", com paz e amor mútuo, lugares de diálogo e de perdão. Precisamos de promover cursos e encontros de oração, de promover retiros e exercícios espirituais, de levar as pessoas, todas as pessoas, a descobrir o poder da oração, o encanto da vida de oração, a fecundidade de uma vida orante. Oração pessoal ou comunitária, oração de contemplação, oração com base na Palavra de Deus, oração de louvor ou de reparação, oração de intercessão ou de desagravo, oração de súplica ou de oferta, oração de acção de graças ou de adoração, oração mariana, oração do terço meditado, etc. Com a oração dar-se-á aos poucos a evangelização do nosso interior, da alma, do coração, da inteligência, da vontade, do afecto, do ser e da vida. Oração que não seja pietismo estéril, piedade balofa, espiritualidade vazia, mas grandeza de alma, plena de Deus, da sua vida e da sua graça. Por isso, oração que transforma, que cristifica, que converte, que cura, que transfigura, que nos mergulha em Deus e nos dá paz e alegria. Oração que nos faz viver de outro modo e nos compromete com os homens, com o mundo. Oração que nos dará o fogo dos Apóstolos da manhã de Pentecostes. Oração que nos fará incendiários ao jeito de Jesus. Oração que nos dará a graça de vivermos a vida com-paixão, de coração aberto para amar sem medida. Oração que nos fará aprender a morrer, como o grão de trigo, para que os outros tenham vida e a tenham em abundância. Oração que nos abrirá o coração ao amor louco e apaixonado de Deus e nos fará descobri-Lo sempre, e cada vez mais e melhor, como o tesouro das nossas vidas.

O CORAÇÃO TRESPASSADO

Queremos neste número do Mensageiro, do mês de Junho, dedicado ao Coração de Jesus, o Coração Trespassado, dar particular revelo, com um dossier próprio, à Carta Encíclica de Papa Bento XVI, "Deus é Amor". Nesta nota de abertura queremos fixar-nos no mistério que o Papa Bento nos revela ao afirmar que o tema do amor, a própria Encíclica, nasce do Coração Trespassado. Assim se expressa o Papa: " O olhar fixo no lado trespassado de Cristo, de que fala João (cf. Jo 19,37), compreende o que serviu de ponto de partida a esta Carta Encíclica: 'Deus é amor' (1Jo 4,8). É lá que esta verdade pode ser contemplada. E começando de lá, pretende-se agora definir em que consiste o amor. A partir daquele olhar, o cristão encontra o caminho do seu viver e amar" (nº12). Só contemplando o lado trespassado saberemos viver dum modo evangélico, seremos cristãos que sabem amar ao jeito do Divino Mestre.

Com estas palavras o Papa nos convida a olhar o Coração Trespassado e a ver nele, com olhar bem fixo, contemplativo e amoroso, delicado e penetrante, a fonte não só da Encíclica, mas do amor. Deus é Coração, Deus é amor que Se dá sem limites, Deus revela-Se através do Coração do Filho, trespassado na Cruz. Eis a fonte do amor, da vida, da graça, da santidade. Eis o Coração que deu origem à Encíclica do Papa. Foi ao contemplar este Coração Trespassado que o próprio Papa, como se deduz das suas palavras, encontrou o amor, descobriu Deus amor. E convida-nos a fazer o mesmo percurso, a contemplar o mesmo lado trespassado, para irmos à fonte das torrentes de misericórdia e de graça..

Do lado trespassado, como tantas vezes nos ensinaram os Santos Padres, nasceu a Igreja, na figura da água e do sangue que brotaram do lado de Cristo. Água baptismal e sangue eucarístico, os dois grandes sacramentos: Baptismo e Eucaristia. É a Esposa, a Mãe Igreja, que nasce do lado aberto de Jesus, o novo Adão, como a Eva nasceu do lado aberto do primeiro Adão. É a Mãe Igreja, e com ela todos os dons e graças, que brotam do lado de Cristo, do lado trespassado, do Coração aberto, da fonte da vida e do amor. E cada página do Evangelho vai-nos revelando, sem cessar, esse amor, esse Coração: discursos, milagres, misericórdia, perdão, curas, lágrimas, carícias às crianças, olhares de predilecção, etc. Sentir o Coração de Cristo a pulsar de amor em cada cena do Evangelho é descobrir, em contemplação amorosa, a fonte do amor que será aberto, trespassado, no alto da Cruz A lançada do soldado que trespassa o lado de Cristo não é um gesto rotineiro, sem sentido, mas antes o modo da divina fonte ficar aberta para sempre.

Já antes, no nº 7 da Encíclica, o Papa ao ensinar-nos que o homem não pode viver exclusivamente do amor oblativo, mas tem, ele mesmo que receber esse amor, pois, são palavras suas: "quem quer dar amor, deve ele mesmo recebê-lo em dom", diz-nos que o homem deve beber da fonte donde correm rios de água viva, e essa fonte é Jesus Cristo, " de cujo coração trespassado brota o amor de Deus" (cf. Jo 19, 34). Aqui insiste-se na mesma ideia, o Papa dá-nos o mesmo ensinamento: para se tornarmos fonte de vida e de amor para os outros, temos que ir ao coração trespassado, pois é dele que brota o amor de Deus. Esse Coração é o Amor, esse Coração contém todo o amor divino e todo o amor humano. Esse Coração é oceano infinito de graças, é fonte de amor, é abismo de virtude, é braseiro de amor. O Papa Bento nos convida a ir a esse Coração Trespassado buscar o amor que precisamos para podermos amar a Deus e amar o próximo. Só nesse Coração Trespassado a vida, a esperança, a graça, a salvação. Só n'Ele, o Coração bem amado do Filho, a fonte da paz e da alegria, da misericórdia e do amor.

Ao iniciar a segunda parte da Encíclica (nº 19), o Papa Bento XVI, volta a centrar-nos no lado trespassado, para nos fazer compreender que quando Jesus morreu na Cruz, ao "entregar o Espírito" (Cf. Jo 19,30), nos revela, como símbolo e prelúdio, o dom do Espírito Santo que Ele havia de conceder depois da ressurreição (Cf. Jo 20,22). Era a grande promessa dos "rios de água viva" (Cf Jo 7,38-39), que deviam brotar dos corações que estão em harmonia com o Coração de Cristo e os leva a amar os irmãos como Ele os amou. Do Coração trespassado, que nos concede todo o amor, brota o Espírito, brotam os "rios de água viva", que nos farão amar, que nos embeberão do divino amor, que nos farão amar com corações de fogo. O próprio Espírito, como fogo da manhã de Pentecostes, nos irá purificando o coração, nos dará a graça de um coração mais universal, nos fará amar à semelhança de Jesus. A devoção ao Coração de Cristo nos lança, nos faz viver, pelo poder do Espírito, um amor sempre mais actuante com os nossos irmãos. Só assim caminharemos na santidade de vida, só amando ao jeito d'Ele, com o seu amor, seremos santos.

CELEBRAR A GRAÇA DE SER FAMÍLIA

A família cristã, "igreja doméstica", verdadeiro ícone da Família trinitária, deve ser um espaço de comunhão, de diálogo, de unidade, de serviço, de perdão. Como "igreja doméstica" deve ter tempos e espaços de oração, de liturgia familiar, lembrando sempre que Jesus está presente no meio daqueles que se reúnem em seu amor. Como "igreja doméstica", deve ser missionária, evangelizadora, quer dentro de si mesma, nos seus membros, quer com outras famílias: famílias evangelizadoras de famílias. Como "igreja doméstica", a família cristã, deve cuidar do primado do amor, quer dentro de si mesma, quer à sua volta, atingindo o mundo onde se mais sofre, onde há mais dificuldades, dores, fome etc. A "igreja doméstica", a família cristã, deve contemplar a Trindade e tentar ser no mundo testemunho vivo desse amor trinitário.

Os esposos cristãos, como todos sabemos são aqueles que, usando da graça do sacerdócio comum dos fiéis, o elevam até à sua última e maior graça, pois são eles os ministros do próprio sacramento. É aliás, ao darem-se como esposos, ao dizerem o seu sim, ao realizarem o dom de si mesmos que são os agentes principais do sacramento. Por isso o amor esponsal é aquele amor que é mais parecido com o amor divino, com esse Deus que já no Antigo Testamento diz que é o Esposo de Israel, e Jesus que no Novo Testamento é o Esposo da Igreja e Esta a Esposa de Cristo. O amor de Deus é um amor esponsal, nupcial. Daí a maravilha do sacramento do matrimónio que faz com que um homem e uma mulher vivam, em amor mútuo, ao jeito divino, da comunhão e da unidade trinitárias.

Mas as famílias, quer sejam cristãs ou não, vivem hoje momentos graves de dificuldades, de crise, de provações de muita ordem. São os governos que fazem leis que em vez de ajudar as famílias a serem o que são, a realizarem a sua vocação e missão, as prejudicam e as atacam. E a grande crise económica toca de muito perto a maioria das famílias, hoje com situações muito duras e embaraçosas. O mesmo se diga das dificuldades surgidas pelo galopante desemprego, pela crise para que são lançados por tantas circunstâncias melindrosas e ofensivas. E se formos ainda mais longe vemos bem como as famílias sofrem grandes dificuldades no processo de educação dos filhos, de falta de liberdade para poderem optar pelo ensino que desejam. Mas no campo da fidelidade, do cumprimento fiel do laço matrimonial a crise não é menor. Adultérios, separações, novos casamentos ou uniões de facto, com as consequentes mazelas para os próprios, para os filhos, tantas vezes ao abandono, para o resto do agregado familiar.

Precisamos de deitar a mão às nossas famílias, de as ajudar a superar crises e dificuldades. Precisamos de preparar mais e melhor os jovens para assumirem o sacramento do matrimónio ou os laços do casamento civil. Precisamos de preparar os pais para saberem assumir a sua missão de educadores no pleno sentido da palavra. Precisamos de lutar contra tudo aquilo que é atentado à família, à sua integridade, a sua nobreza, à sua missão. Precisamos que as famílias se ajudem mais umas às outras num projecto de fidelidade criativa, de crescimento no amor, na ajuda económica, etc. Precisamos que a Igreja e todas as outras instituições venham em "socorro" das famílias, sobretudo daquelas onde a divisão, a discórdia, a falta de emprego, de casa, de meios de cultura, o exagerado consumo do álcool, ou o drama da sida, as situações às vezes degradantes de vida, estão gerando sofrimentos e um horizonte sombrio.

Celebrar a graça de ser família é um dom precioso do Criador. Celebrar a graça de ser família é estímulo a crescer no amor, na fidelidade, no dom mútuo, na ajuda desinteressada, da comunhão mais plena, no diálogo mais harmonioso, na capacidade de perdão. Celebrar a graça de ser família é tomar consciência da vocação e missão, da dignidade e da alegria de ser família unida, ao jeito da Família divina. Celebrar a graça de ser família é apostar na ousadia de lutar contra tudo o que impede a família de crescer, de amadurecer, de ser aquilo que é por vocação. Celebrar a graça de ser família tem que ser compromisso vigoroso a lutar pelo bem de todas as famílias, em ir em ajuda das mais carenciadas, quer na vida material, quer na cultura, quer nos bens espirituais. Celebrar a graça de ser família é abrir-se ao dom do Espírito, que no amor, realiza a comunhão da Família trinitária.

MISSIONÁRIOS COM CRISTO

Pelo dom precioso do baptismo que faz que homens e mulheres sejam cristãos e cristãs, todos, pela garça e unção do Espírito, nos tornamos apóstolos, missionários. È a nossa vocação de baptizados, é o dom que o Pai nos concede, é a missão a que somos chamados, é a vocação que nos é concedida: missionários com Cristo. Ele é o Enviado, o Missionário por excelência, nós, todos nós, unidos a Ele, somos também missionários e partilhamos da sua missão. O Pai O enviou, Ele enviou a Igreja, nós somos enviados em Igreja, pela graça do Espírito Santo. Ser missionário não é uma escolha nossa, uma opção nossa. É uma "obrigação de todos". É uma vocação dada por Deus. Cristão que não é apóstolo é apóstata, já está a renegar a sua fé, o seu próprio baptismo, a sua dignidade de cristão, a sua missão de apóstolo.

Se é verdade que neste mês de Outubro pensamos e rezamos mais pelas missões, pelo envio a países diferentes e distantes, para anunciar a Boa Nova, se é verdade que celebramos o Dia Mundial das Missões, rezando e oferecendo a nossa dádiva generosa, tomando a grande intenção da Igreja, não é menos verdade que é a partir do coração de cada cristão e de cada cristã, que se há-de desenvolver o dinamismo missionário, aqui e agora. Missionários a tempo inteiro, missionários pela oração, pela palavra, pelo testemunho, pela penitência, pela oferta de nossas vidas. Missionários com audácia, sem respeito humano, sem comodismo, sem vergonha, sem instalação aburguesada. Todos e sempre devíamos ter em nós este dinamismo missionário. Ao jeito de Jesus, o Enviado do Pai, lançar-nos no anúncio profético, na acção missionária, no apostolado próprio de quem quer ser verdadeiro apóstolo.

Parece sensato e acto de verdadeiro discernimento, colocar-nos esta questão: "Não devíamos permitir que outros pelo mal, façam mais que nós por Jesus e pelo Reino". Sim, não devíamos ficar indiferentes, apáticos, comodistas, instalados e deixar que os filhos das trevas trabalhem mais do que nós. E outra questão séria e interpelante que nos devemos colocar é esta: "Se alguém se condena por minha causa", por não ser missionário activo, audaz, decidido, generoso? Se alguém não conhece mais a Cristo por minha causa? Se alguém se não converte por minha causa? Se alguém cresce menos na santidade por minha causa. E a nossa oração, a nossa caridade, o nosso impulso interior, o nosso dinamismo, mesmo aquele que é feito no interior do nosso coração, da nossa casa, do nosso emprego, na nossa vida social, pode ter um alcance eclesial e mundial. Se no nosso coração universal estão todos, está o mundo inteiro, posso ser missionário do mundo, como foi Santa Teresinha do Menino Jesus.

Perante uma humanidade em que mais de metade das pessoas não conhecem a Jesus Cristo, perante a situação da velha Europa tão secularizada e descristianizada, com as igrejas quase vazias e com muita gente de idade, perante a situação de tantos milhares de jovens longe de Jesus e da sua Boa Nova, perante tantos cristãos que não participam na Eucaristia dominical nem se abeiram de outros sacramentos, perante tantos que morrem sem o conforto da fé e dos sacramentos, perante o aumento do número de casamentos pelo civil e o abandono do matrimónio, como sacramento, perante tantas outras situações onde parece que Jesus, o seu Reino, a sua Palavra, estão tão longe de multidões inteiras, precisamos de nos interrogar que apóstolos somos, que missionários somos?

Há multidões famintas de pão, sedentas de água, desejosas de paz, de amor, de emprego, de justiça. Mas há multidões famintas de Deus, do sobrenatural, da verdade, do bem. Só Jesus é resposta para esta fome e esta sede. Temos que caminhar para a fonte e ajudar outros a caminhar. Temos que nos saciar d'Ele para sermos testemunho vivo do seu amor e ajudar outros a encontrá-Lo. Temos que nos alimentar com mais assiduidade da Palavra para que Ela viva em nós, nos alimente, nos converta e nos faça mais apóstolos. Temos que pedir ao Espírito que nos faça queimar os lábios e arder o coração, para anunciar, com desassombro, a Boa Nova da salvação, o Evangelho que é vida, a Palavra que é esperança e alegria. Movidos pela caridade de Cristo que nos impele, que urge dentro de nós, que deseja a salvação de todos, que nos lança para o serviço apostólico, para a labuta da missão dum modo audaz e desassombrado, precisamos de nos alimentar do próprio Jesus, fonte de missão e de vida. Ele em nós, nós n'Ele, apóstolos dum mundo novo. Sem desânimo, sem apatia, sem desalento. Com a esperança e a alegria no coração. O mundo nos espera. A salvação também depende de nós.

FLORES PARA OS MORTOS OU COMUNHÃO PARA OS VIVOS?

Há muitas maneiras de nos posicionar perante o mistério da morte e perante aqueles que já partiram deste mundo. Pelo ensinamento de Jesus há um modo cristão de "contemplar" a morte, como entrada na vida verdadeira, como passagem para a eternidade, como tomada de posse da felicidade que nunca mais terá fim.

Não há mortos. Todos estamos vivos. Uns ainda nesta vida terrena, comendo, bebendo, trabalhando, sofrendo, alegrando-se, etc. Outros, verdadeiramente vivos, do outro lado da morte, que é passagem para a eternidade sem fim. Vivos em Deus. O que está no caixão ou no cemitério é o cadáver, porque a pessoa, não está lá, está viva em Deus e na comunhão com Ele. Com a morte a vida não acaba. Começa a vida verdadeira. Foi para essa vida que todos nascemos. Somos homens e mulheres para a eternidade. Grandes de mais para que a vida acabe num caixão ou num cemitério. Aliás a palavra cemitério que significa "dormitório", dá-nos bem a atender a grandeza da morte, como dormição, à espera da ressurreição.

Por todas estas razões há um modo cristão de nos colocarmos perante a morte e perante as urnas, os caixões, os cadáveres, o cemitério. Não pode ser de tristeza mórbida, mesmo que seja de muita saudade e de muita dor. Não pode ser de uma maneira tal que parece que não temos fé na vida eterna, que os que partiram do meio de nós, os defuntos estão vivos. Precisam muito da solidariedade da nossa caridade, mais do que as nossas lágrimas ou as nossas flores. Precisam mais das nossas orações e dos nossos sufrágios, do que de arranjos sofisticados e dispendiosos, nos funerais ou juntos das campas.

Que bonito seria se, junto do caixão ou da urna, houvesse um local próprio para se deixar as esmolas, os dinheiros que não se deviam gastar em flores, em arranjos. E esse dinheiro fosse canalizado para a celebração de Eucaristias, ou oferecido, em caridade, aos pobres. Para sufragar os mortos o mais importante não são as flores, são as orações e a caridade. Às vezes os que gastam dinheiro em flores, porventura com sentimentos de amizade, não são os que mais rezam pelos que partiram deste mundo, ou os que comungam na missa do funeral ou na missa do 7º dia, oferecendo a comunhão em sufrágio de quem partiu.

Nalgumas paróquias parece até haver competição nesta questão de flores nos funerais e de arranjo das campas. Para lá caminham todas as semanas carregados e flores, por vezes bem caras. Mas são capazes de se não confessarem, de não participarem na Eucaristia, de não oferecerem a comunhão em sufrágio dos defuntos, que veneram com flores que depressa secam e murcham. Parece que não vivemos com fé estes acontecimentos, parece que precisamos de avivar os nossos sentimentos cristãos perante este exagero de flores e de ornamentações. O dinheiro gasto nestas flores parece que seria mais bem empregue numa visita a um doente ou a um pobre, e oferecido em oferta caridosa para ir em ajuda das suas necessidades humanas e corporais. Quanto bem e quanta caridade se poderia fazer com o dinheiro gasto sem sentido cristão, às vezes por vaidade e competição, para dar nas vistas e atrair as atenções.

Dá pena ver que, estando as igrejas cheias de gente nos funerais ou nas Missas de 7º dia, tão poucos, por vezes, se abeiram da mesa eucarística, para receber o Corpo do Senhor, Aquele Jesus que é Ressurreição e Vida, Aquele que disse: "Quem Me come não morrerá jamais". Precisamos todos duma fé mais adulta, duma consciência cristã mais esclarecida e mais amadurecida. Precisamos de ir ao essencial, de nos agarramos ao que não murcha nem envelhece. Não as flores, mas Jesus, o Senhor da Vida e do Amor.

As melhores flores a oferecer pelos defuntos são as nossas orações, as nossas Eucaristias, os nossos actos de caridade. São esses pequenos tesouros que os nossos irmãos e irmãs que já partiram deste mundo necessitam. E o amor que temos por eles deve levar-nos a esta "conversão". Se a morte é uma festa, se a festa, depois da morte nunca mais terá fim, o mais essencial é o amor. Este, e não as flores, é que faz a festa a valer, onde entra a divina música que o Pai tem preparada para nos acolher. Deixar que a visão cristã da vida e da morte nos encantem para que tenhamos já e agora, o céu dentro de nós. Vamos ressuscitando aos poucos, cada dia, para que a vida seja bela e a morte, mesmo sem flores, sempre florida pelo encanto do amor que salva e que liberta. O nosso coração florido pelo amor que está em nós, é o melhor presente a oferecer pelos nossos defuntos. E esta flor, o coração em amor, não murcha nunca, está sempre vivo. É ele que Deus mais aprecia e que os defuntos mais necessitam.

O MENINO OU O PAI NATAL?

Demorámos séculos a cristianizar as festas pagãs, para que tivessem um conteúdo evangélico, verdadeiramente cristão. Agora, aos poucos, quase sem se dar por ela, ao longo de umas dezenas de anos, o caminho tem sido inverso. De facto algumas festas e muitas pessoas, mesmo baptizadas, começam a dar um conteúdo pagão àquilo que durante séculos foi evangelizado. O Natal entra nesse número de celebrações. Custou tanto a situar a Natal como festa cristã, a saborear a presença do Menino por nós nascido e, agora, parece que tudo se transforma e ficamos com um Natal pagão, ou quase pagão. Que importa a tanta gente o presépio ou o Menino que lá nasceu? Que importa a vida divina que ali brotou como fonte de salvação? Que importa para muitos, os ensinamentos da pobreza e da humildade que o presépio nos dá? Que importa o sentido de fraternidade e de paz que o Natal contém?. Estamos numa situação imensamente perigosa, de não dar conteúdo cristão à celebração do Natal. Importam as prendas, o "Pai Natal", as iluminações, as compras, as comezainas, as toiletes, mas o Menino parece que fica escondido e poucos falam d'Ele e se interessam com Ele.

Mas o Natal sem Menino, sem Jesus nascido, não é Natal. Pode ser festa da família, pode ser festa de alegria e de prendas, mas falta o essencial, a presença d'Aquele que dá sentido a todas essas coisas, que dá sentido ao Natal, pelo Qual a celebração tem valor. Troca-se o Menino pelo Pai Natal, pela árvore de Natal, pelos presentes. Esquecemos que o grande presente do amor de Deus é exactamente esse Menino que nos foi dado. E para recuperar o sentido cristão do Natal, o caminho mais fácil, mais simples, é precisamente o presépio. Daí que devíamos fazer uma campanha séria: um presépio em cada casa, um presépio em cada montra, um presépio em cada igreja e em cada capela, um presépio em cada escola (será heresia?), um presépio no centro de cada povoação, um presépio em cada praça pública, um presépio na cidade. Bem programado, com catequese adequada, cada presépio nos levará a ler o Evangelho através dos sinais, das figuras e nos fará redescobrir o rosto de Deus, o rosto do Amor, no Menino de Belém.

Vai nascer o Amor. O Menino deitado na manjedoura é o Amor feito homem, o Amor divino que Se fez carne humana. Olhá-Lo, contemplá-Lo é entrar no mistério insondável do amor que vem até nós para nos amar com coração humano, para Se revelar como Deus Amor, para nos ensinar os caminhos do amor, que são sempre caminhos de paz, de justiça, de verdade, de bem, de perdão, de misericórdia, de partilha, de serviço generoso e dedicado. Diante do presépio temos muitas lições a aprender, sobretudo a lição magnânima do Amor. Falar de Natal é falar do nascimento de Deus Amor, com carne humana, num Deus encarnado, no Verbo que Se fez carne e habitou entre nós. Quem pensa nestas maravilhas? Quem se preocupa com estas delicadezas do Amor divino? Quem quer abrir o coração para que Deus, para que o Menino nasça dentro de nós? Quem se quer converter em Advento para que haja verdadeiro Natal? Quem prefere viver a vida divina, a paz e fraternidade que o Natal nos trouxe, com o Amor por nós nascido?

Vamos ficar a comercializar o Natal, a gastar rios de dinheiro, a idolatrar o pai Natal, a ficar só nas bonitas iluminações? Parece que há quem queira assim ou seja, quem nos ande a enganar através de campanha serrada contra Deus, a Igreja, o Papa, os valores cristãos. E nós, quais cristãos tíbios, sem garra e sem audácia, ficamos parados, não damos o lugar que devemos ao que é essencial. Vamos na onda, vamos na ilusão do anúncio televisivo, não caímos na conta da manobra tenebrosa dos filhos das trevas. E Assim não há Natal. Eles querem enganarmos, iludirmos, falseando, mentindo, mostrando ídolos que nos seduzam, como o Pai Natal, mas deixamos de lado a beleza e o encanto do nosso Deus, do Menino por nós nascido, o Príncipe da Paz, o Emanuel, o Menino Deus. Não nos deixemos enganar, não corramos atrás daquilo que luz mas não é ouro, não deixemos que o anúncio televisivo tenha mais impacto que a Palavra libertadora do Evangelho. Chega de nos deixarmos enganar, de nos deixarmos iludir, de ficarmos de braços cruzados perante a onde de paganismo que as nossas festas cristãs parecem ter cada vez mais. Que os nossos presépios, mais bonitos ou menos bonitos (o presépio nunca é feio), nos indiquem os caminhos evangélicos duma vida mais santa, porque mais cristã. Evangelizemos através do Presépio. Lá encontramos o Amor e a Vida, a Paz e a Alegria. Lá renascemos para uma vida nova. Lá seremos mais cristãos, mais discípulo do Menino, o Deus Amor que por nós nasceu. Só assim há verdadeira festa. Façamos festa, aprendamos as lições que o presépio nos ensina.

Printed by Books on Demand GmbH, Norderstedt / Germany